Wilhelm Bender

Schleiermachers philosophische Gotteslehre

Ihre Entstehung, Ausgestaltung und wissenschaftliche Bedeutung

Wilhelm Bender

Schleiermachers philosophische Gotteslehre
Ihre Entstehung, Ausgestaltung und wissenschaftliche Bedeutung

ISBN/EAN: 9783743419896

Hergestellt in Europa, USA, Kanada, Australien, Japan

Cover: Foto ©Lupo / pixelio.de

Manufactured and distributed by brebook publishing software
(www.brebook.com)

Wilhelm Bender

Schleiermachers philosophische Gotteslehre

Schleiermachers philosophische Gotteslehre,

ihre Entstehung, Ausgestaltung und wissenschaftliche Bedeutung.

Eine philosophische Dissertation

Erlangung der Würde eines Doctors der Philosophie und Meisters der freien Künste

bei der Georg-Augusts-Universität zu Göttingen

verfaßt von

Wilhelm Bender.

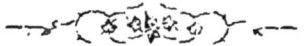

Worms.
Druck von A. K. Borninger.
1868.

Vorwort.

Die vorliegende Abhandlung ist das Fragment einer umfassenden Arbeit, welche die philosophische Gotteslehre Schleiermachers einer erschöpfenden Darstellung und Kritik unterzieht, und als Ganzes **Ordini Amplissimo** der Georg=Augusts=Universität zur Beurtheilung vorgelegen und sich seiner Billigung erfreut hat. Der als Dissertation abgedruckte erste Theil erledigt indessen die Grundfrage der gestellten Aufgabe in einer insoweit abschließenden Weise als in ihm die Weiterentwickelung der Schleiermacher'schen Gotteslehre ohne Schwierigkeit angedeutet und vorausbedingt erkannt wird, und somit das Fragment einen Abschluß gewinnt, der es für sich verständlich macht. — Der Verfasser schätzt sich glücklich in dem lebendigen Dankesgefühl, welches ihn an seine geistige Heimath die **Georgia Augusta**, der er nächst Gott die tiefgehendste Anregung für sein Leben und seine Wissenschaft allezeit danken wird, fesselt, nicht die unwirksamste Anregung zu besitzen, diese Erstlingsarbeit in einer ähnlichen Behandlung der theologischen Gotteslehre Schleiermachers weiterzuführen und wenn Kraft und Gesundheit ausreichen in einer umfassenden Kritik der bisherigen Gotteslehre überhaupt ihr Endziel finden zu lassen.

Dazu gebe Gott, ohne den nichts Wahres gedacht und nichts Gutes gethan wird, seinen Segen!

Worms, am 6. Juni 1868.

Einleitung.

Das Recht und die Nothwendigkeit einer selbstständigen Behandlung der philosophischen Gotteslehre Schleiermachers liegt ebensosehr in der von ihm selbst ausdrücklich anerkannten und durchgeführten Scheidung von Theologie und Philosophie, wie in der Unentschiedenheit der für die richtige Beurtheilung des bedeutendsten Theologen des Jahrhunderts überaus wichtigen Frage nach Vereinbarkeit oder Unvereinbarkeit der Principien, welche seine philosophische und theologische Wissenschaft verbinden oder scheiden sollen. Es ist unzweifelhaft, nur unter der Voraussetzung einer vorgängigen Erkenntniß der Eigenthümlichkeit jedes der beiden Wissenskreise, und zwar eines jeden unabhängig von dem andern, kann jene Frage einer exakten und endgültigen Lösung entgegengeführt werden. Vielleicht erklären sich nun aber die verschiedenen Urtheile, welche hier die Einheit der Schleiermacherschen Weltanschauung und also auch insbesondere seiner Gottesidee durch einen Ausgleich zwischen den fundamentalen Werken der Dialektik und der Glaubenslehre vertheidigen, oder aber dort ihre Unvereinbarkeit und demnach eine unausgleichbare Differenz zwischen der philosophischen und theologischen Gotteslehre behaupten, und endlich in dem Dilemma: Pantheismus oder Theismus, oder beides zugleich nur an verschiedenem Ort, gewissermaßen die Quintessenz der Gedankenwelt Schleiermachers oft bequemer als richtig fixirt glauben, aus einer allzu aphoristischen und wählerischen Berücksichtigung der philosophischen Gotteslehre, die unmöglich aus den dictis classicis, sondern nur aus dem Ganzen und durch eingehende Untersuchung der Tendenz der Schleiermacherschen Philosophie und insbesondere der Dialektik verstanden werden kann.

Jedenfalls wird der nachfolgende Versuch den Vorwurf Entschiedenes zu behandeln, auch dann nicht befürchten müssen, sollten seine Resultate sich mit bereits anderwärts Gehörtem berühren, wenn es ihm nur gelänge durch eine selbstständige Methode der Untersuchung die Richtigkeit von Jenem besser zu stützen. Aber gerade für letztere bedarf es eines erklärenden und vielleicht entschuldigenden Wortes. Nicht sowohl um deswillen, weil wir uns gänzlich an die Dialektik anschließen. Es ist hinlänglich bekannt, wie dieses Werk nicht nur die reichste Ausbeute für die Erkenntniß der philosophischen Gotteslehre Schleiermachers bietet, sondern zugleich mit den Grundzügen seiner Weltanschauung die Genesis und principielle Entscheidung unserer Frage enthält; daß wir uns aber, schrittweise der Untersuchung über das Wissen folgend, nicht nur genöthigt sahen, jeden Abschnitt des Buches für sich zu betrachten, an jedes Ende die vorläufigen Resultate für unsere Aufgabe zu ziehen, sondern auf den besondern Zweck der Dialektik auch da eingehen mußten, wo uns keine direkte Ausbeute für die Untersuchung über die Gottesidee zufallen konnte, forderte neben dem unvollkommenen literärischen Charakter des Buches die erst noch zu erweisende Uebereinstimmung seiner einzelnen Aussagen und die untrennbare Verknüpfung der Untersuchungen über Gott mit denen über das Denken.

Ist nun dieser Weg auch schleppend und von Wiederholungen nicht frei, so ist er doch der sicherste und der einzige, der uns in die Genesis der Gotteslehre einführen kann, um die es uns um so mehr zu thun ist, als sie unstreitig die beste Kritik über den wissenschaftlichen Werth der erzielten Resultate in sich einschließt. Andrerseits gewinnen wir auf diese Weise zugleich die Probe für die Richtigkeit unserer Auffassung durch die Zusammenstellung und eventuell Vereinigung der Resultate, die wir an verschiedenen Orten unabhängig ziehen mußten.

Neben der Dialektik sind die Reden insofern als eine selbstständige Quelle für die Erkenntniß der Schleiermacherschen Gottesidee zu verwerthen, als sie aus der Unmittelbarkeit persönlichen Lebens aussprechen, was jene als Resultat zweckvoller und systematischer Untersuchung formulirt. Als sekundäre Quelle ist unter den übrigen philosophischen Schriften besonders die Ethik, für eine allseitige und erschöpfende Behandlung der gestellten Aufgabe unentbehrlich und von größter Bedeutung.

I. Die Aufgabe der Dialektik und ihr Interesse an der Gottesidee.

Für das Verständniß der Behandlung, welche die Gottesidee in Schleiermachers Dialektik erfahren hat, ist es von entscheidender Bedeutung die Aufgabe dieser Disciplin von vorn herein klar ins Auge zu fassen, um bereits von hier aus ein Urtheil über die begrenzte, durch Princip und Methode dieser Wissenschaft bedingte Ausgestaltung der Gotteslehre, die von hier aus seiner gesammten Philosophie sich mittheilt zu gewinnen.

Die Dialektik, in welcher eine Vereinigung von Logik und Metaphysik erstrebt wird, weil man die Regeln über die Verknüpfung des Denkens nicht aufstellen könne, ohne Berücksichtigung der innersten Gründe alles Wissens, will uns über die Principien der Philosophirkunst belehren. Und zwar nimmt Schleiermacher den Namen Dialektik im Sinne der Alten als eine eigentliche Theorie des Denkens nach welcher jedes einzelne Denken so gestaltet werden soll, daß es mit seinem Gegenstand übereinstimme, einen bestimmten Ort in dem System des gesammten Denkens einnehmen und also auch die Regeln der Gedankenverknüpfung in sich darstelle.

Beides also die Regeln der Verknüpfung alles Denkens und das Verhältniß von Denken und Sein sollen in ihrer letzten und einheitlichen Begründung erkannt werden. Denn es ist das Wesen alles Denkens, daß es sich auf früheres als Verknüpfung und auf einen Gegenstand bezieht und das Bewußtsein hiervon gibt jedem Einzelwissen seinen philosophischen Charakter. Daß aber die Verknüpfungsregeln mit den innersten Gründen des Wissens überhaupt zusammenhängen, erhellt daraus, daß man, um richtig zu verknüpfen, nur so verknüpfen kann, wie die Dinge selbst verknüpft sind; wofür es keine Bestätigung gibt als den Zusammenhang unseres Denkens mit den Dingen.¹)

Da nun aber die Identität von Verknüpfungsregeln und Grund alles Wissens eine relative Differenz beider zur Voraussetzung hat, so ergeben sich für die Dialektik zwei coordinirte Theile, ein formaler, welcher die gemeinsamen Combinationsregeln aufstellt, und ein transcendentaler, welcher ein gemeinsames ursprüngliches Wissen, das jene begründet und also Grund alles Wissens ist, aufsucht. Bei dem Ausdruck transcendental verzichtet Schleiermacher auf jede Unterscheidung desselben von dem andern transcendent; das gesuchte Denken heißt als über jede mögliche Erfahrung und über jedes bestimmte Denken hinausgelegen transcendental.²)

Aus diesen Sätzen, welche die Dialektik in ziemlich aphoristischer Gestalt und Verknüpfung einleitungsweise aufstellt, läßt sich bereits ein Urtheil über Inhalt und Tendenz des Werkes gewinnen. Schleiermacher geht von der Anschauung des gegebenen einzelnen Wissens aus, um aus dessen Charakter und Abzweckung im Allgemeinen eine auf Erfahrung gegründete wissenschaftliche Ansicht über den Grund, das Werden und das Ziel alles Denkens zu gewinnen. Er nimmt es als Erfahrungsthatsache auf, daß alles Denken auf das Sein bezogen wird und behauptet, daß von dieser richtigen oder falschen Beziehung seine Wahrheit abhänge, sowie sich aus ihr alle Differenzen in der Erkenntniß des Seins erklären. Indem er ferner das Denken in lebendiger Bewegung an den verschiedenen Denksubjekten anschaut, erkennt er das allgemeine und unabweisbare Bedürfniß die Differenz zu überwinden und zur Uebereinstimmung zu gelangen, was die von allen im Denkstreit Begriffenen vorausgesetzte und erstrebte Identität von Gedanken und Gegenstand erheische. Also das Streben des Denkens in der Identität mit seinem Objekt zum Wissen zu werden und in diesem zur Allgemeingültigkeit zu gelangen, erklärt sich wieder nur aus der überall vorausgesetzten allgemeinen Bezogenheit des Denkens auf das Sein, oder wie Schleiermacher diese Thatsache begründend, behauptet, aus der ursprünglichen Identität von Denken und Sein.³)

Schleiermacher will demnach mehr als eine formale Logik, die ohne den innersten Grund alles Wissens erfaßt zu haben Denkgesetze aufzustellen wagt; die Erkenntniß daß alles Denken sich auf das Sein beziehe, daß

---

¹) § 13 ff. pag. 316 ff. 370 ff. ²) pag. 38 Anm. ³) Vgl. philos. Eth. ed. Twesten. pag. 8, 23—26.

es im Wissen Allgemeingültigkeit erstrebe, reicht nicht aus für die gesuchte objektive Wahrheitsgarantie, deren unser Denken als von dem Sein geschieden und dennoch auf es allein und überall bezogen bedarf. Der formale Theil der Dialektik wäre leer, wenn er seine Combinationsregeln aufstellen wollte, ohne die sichere Gewährleistung für ihre Uebereinstimmung mit den Combinationen im Sein. Welche Garantie haben wir für die vorausgesetzte und postulirte Uebereinstimmung von Denken und Sein? für die Angemessenheit der Denkformen für die Seinsformen und dieser für jene? Nur in Rücksicht auf die Lösung dieser principiellen Frage kann zu der weiteren Aufgabe geschritten werden, die Regeln des richtigen Denkens, welches ein Wissen werden will aufzustellen.

Wenn nun aber von Schleiermacher überall die Identität des Formalen und Transcendentalen betont wird und nur der Zweckmäßigkeitsgrund, daß die Construktion als eigentliches Ziel der Dialektik besser zuletzt stehe, die Untersuchung über das Transcentale, oder den letzten Grund alles Wissens voranstellt, so scheint dies mehr in der durchschlagenden individuellen Tendenz des für Schleiermacher und seine Wissenschaft so charakteristischen und durch die Verschleierung der Gegensätze so verhängnißvollen Einheitsbedürfnisses als im Wesen seiner Untersuchung begründet, denn die Zusammenstimmung der Combinationsregeln, die sich allerdings auf rein empirischem Wege gewinnen lassen, mit den Verknüpfungen des Seins bleibt so lange eine leere Vermuthung als der principielle Nachweis der Zusammengehörigkeit von Denken und Sein nicht geführt ist.

Hier liegt also die entscheidende Frage der Dialektik, die Frage nach dem Grund alles Wissens oder der Uebereinstimmung von Denken und Sein, nach der Idee des Wissens in ihrer absoluten Begründung. Hier liegt zugleich der mysteriöse Punkt der Berührung des Wissens mit dem Religiösen; denn den letzten Grund der Einheit von Denken und Sein findet Schleiermacher in Gott, als der absoluten Einheit des Idealen und Realen.

Jenes gesuchte gemeinsame, ursprüngliche Wissen, oder wie es kürzer heißt, die Wissensidee, welche in ihrer Einheit nothwendige Voraussetzung alles zur Einheit strebenden Erkennens ist, ist eben nichts anderes als das freilich nicht in Form begrifflichen Wissens, sondern in Gestalt eines lebendigen Triebes in Allen gesetzte unmittelbare Bewußtsein der Einheit von Denken und Sein, deren letzter Grund Gott, die absolute Einheit, alle abgeleiteten Einheiten zugleich mit ihr begründet. Wir finden somit gleich anfangs die Unterscheidung von Wissensidee und Grund alles Wissens, von Identität von Denken und Sein und weiter von Idealem und Realem und dem Grunde dieser Identität, Gott, welche Unterscheidung der dialektischen Weltanschauung überall zu Grunde liegt und deren Ignorirung die Behandlung der transcendentalen Aufgabe geradezu unverständlich machen muß.

Schleiermacher gestattet uns selbst einen Einblick in die Genesis des schon seiner Idee nach bedeutsamen Versuchs die allseitige und totale Begründung des gesamten menschlichen Lebens und weiter des Weltlebens überhaupt durch das Religiöse, welche wie ihm wohl nur Wenigen zugleich persönliche und wissenschaftliche Nothwendigkeit war, im Besondern für das Wissen zu beanspruchen und nachzuweisen.

In dem kritischen Ueberblick über die ihm vorangegangene philosophische Entwicklung nämlich erklärt er, daß während die Alten die Philosophie mehr als Kunst ausgeübt hätten, sich in der neueren Zeit vom religiösen durch das Christenthum vollendeten Triebe aus ein unmittelbares Losgehen auf die Philosophie als Wissenschaft entwickelt habe. So entstand eine von der Kenntniß der Combinationsregeln entblößte Methaphysik, die sich mit dem Göttlichen beschäftigte, ohne jede Einsicht in die Natur und Begrenztheit des menschlichen Wissens. Man suchte eine Wissenschaft von Gott als Grund aller Dinge (und so auch alles Wissens) und beging den großen Fehler diese höchste Wissenschaft von den realen zu trennen. Die Folge hiervon war, daß das hypothetische Verfahren in den realen Wissenschaften willkürlicher wurde (weil die Erkenntniß des höchsten Wissensprincips fehlte) und daß die metaphysischen Disciplinen selbst hypothetisch wurden, da sie sich (ohne Einsicht in die Combinationsregeln) gleichförmig mit den realen gestalten wollten. Diesen Mißverstand vermochte Kant nicht zu lösen, weil er die Ideen außer dem realen Denken nur als dessen Regulatoren, welche auf einheitliche Ausgestaltung hinweisen sollten, setzte, statt sie zugleich und eben als solche, als treibende, dem Denken einheitlich zu Grunde liegende immanente Principien zu erkennen.

Diese Gedankenreihe muß ohne Zweifel den §§ 38—43 entnommen werden, soll die Aufgabe der Neuzeit und also auch der Dialektik verstanden werden, welche § 44 so bezeichnet wird, daß sie das einwohnende Sein Gottes als das Princip alles Wissens, aber dieses als nur im realen Denken gegeben nachzuweisen habe.

Schon hieraus kann uns klar werden, wie es ein doppeltes Interesse ist, welches Schleiermacher in seiner Wissenschaft verfolgt; nämlich einmal das Kant völlig fremde religiöse und dann das ihm entlehnte erkenntnißtheoretische, alles Denken an die Erfahrung zu binden, weil es allein an der Hand sinnlicher Anschauung entstanden, auch nur auf die wahrnehmbare Wirklichkeit Anwendung erleide. Ersteres war in seiner Intensivität und Klarheit Schleiermachers persönlichster Besitz, der Grund seiner reformatorischen Größe in Wissenschaft und Kulturleben. Die Nähe des Absoluten, die unmittelbare persönliche Erfahrung Gottes in seiner Welt und durch dieselbe, war ihm eine Thatsache so wenig wie alle andern disputabel. Der Grundgedanke der Kantschen Erkenntnißlehre war ihm nicht minder gewisse wissenschaftliche Ueberzeugung. Eine Vereinigung und gleichzeitige Befriedigung beider Interessen forderte das ganze und volle Sein Gottes in der Welt um so dringender, als es offenbar schien, daß dem Menschen für ein extramundanes Sein Gottes die Organe nicht gegeben seien. Hierin scheint uns der Schlüssel für das historische Verständniß der Schleiermacherschen Gotteslehre, sowie ein sicherer Kanon für ihre Beurtheilung gegeben zu sein.

Wir haben bereits in dem Vorangehenden die Ansätze zu zwei trennbaren Gedankenreihen bemerken können, welche den Grundstock der Dialektik ausmachen und deren sofortige klare Scheidung uns in den späteren Verwicklungen unserer Untersuchung zwei deutlich erkennbare Fäden an die Hand gibt, mit deren Hülfe uns der Ausgang aus den dialektischen Irrgängen hoffentlich nicht verschlossen bleiben kann.

Schleiermacher untersucht zunächst — und dies bildet die eigenthümliche Aufgabe der Dialektik — das Denken selbst, das sich hauptsächlich durch die scholastische Philosophie in metaphysisches und empirisches absolut gespalten hatte. Das metaphysische Denken, welches sich auf den Grund alles Seins auf Gott ausschließlich gerichtet hatte, war an seinem abstrakten Charakter, an der Unfähigkeit die Existenz seines Objekts und die Wahrheit seiner Gotteserkenntniß nachzuweisen gescheitert, aus dem einfachen Grund, weil es die Natur alles Denkens als einer sinnlich vermittelten und darum nur auf die anschaubare Wirklichkeit anwendbaren Funktion verkannte. Wo man nun aber diese Verirrung einsah und nach dem Beispiel Kants das Denken blos auf die Erfahrung stellte, ließ man dasselbe doch in seiner Beziehung auf das Sein ohne tiefere Begründung und dem Ding an sich gegenüber im Zweifel an seiner objektiven Wahrheit. Die Ideen aber, welchen als regulativen Principien ein bloß methodologischer Werth zugemessen wurde, blieben ihrem Gehalt und ihrer Bedeutung nach unerkannt.

Schleiermacher tritt ganz auf die Seite Kants, indem auch er den Charakter des menschlichen Denkens in seiner ausschließlichen Beziehung auf das erfahrungsmäßige innere und äußere stets sinnlich vermittelte Sein findet, und darum alles spekulative Denken über die Erfahrung hinaus als gehalt- und zwecklos verwirft. Anderseits ist er bemüht den Kantschen Dualismus zwischen Denken und Sein, Erscheinung und Ding an sich zu überwinden. Das Letztere erreicht er durch Aufgabe des Gedankens von der Idealität von Raum und Zeit als blos subjektiver Formen unserer Anschauung, ersteres indem er die ursprüngliche Zusammengehörigkeit beider Größen in einem einheitlichen Grunde sucht und diesen endlich in der von Kant falsch behandelten Gottesidee, als dem letzten Grund der Einheit von Denken und Sein findet, und welche ihm somit constitutives Wissensprincip wird, in dem alles Denken als in seinem ursprünglichen Motiv gründet und zugleich seine Wahrheitsgarantie als mit dem Sein identisch besitzt.

Von dieser Gedankenreihe, deren Erörterung unten detailirt erfolgen muß und welche sich ausschließlich auf den wissenschaftlichen Charakter und Werth des Wissens richtet, nicht aber über das dem Wissen zu Grunde liegende Sein entscheidet und somit auch Gott nur als Princip alles Wissens, nicht aber als Grund alles Seins berücksichtigt, ist überall sehr wohl eine zweite zu unterscheiden, welche das Sein des Wissensprincips, die Existenz Gottes selbst, ihre mögliche Erkenntniß und endlich die Beziehung des transcendentalen Seins zum realen, also Gottes zur Welt ins Auge faßt.

Unterbrechen nun auch diese Untersuchungen den methodischen Verlauf der dialektischen Erkenntnißlehre, so liegen sie doch keineswegs außerhalb ihres Interesses, denn wenn doch die Wahrheit des Wissens an seiner Uebereinstimmung mit dem Sein hängt, die Einheit von Denken und Sein aber nicht blos als Postulat der Wissensidee behauptet, sondern als Thatsache erkannt werden soll, so erhellt wie diese Einheit, die nirgends weder im realen Wissen noch auch im realen Sein einen adäquaten Ausdruck sich gegeben hat, in Transcendentalen nur insofern gefunden werden kann, als sie als transcendentale und absolute Einheit beide, Denken und Sein zugleich begründet.

Nur insoweit ist der transcendentale Grund, Grund des Wissens und Bürge für seine Wahrheit, als er Grund alles Seins ist; denn nur dann ist die postulirte Einheit von Denken und Sein thatsächlich verbürgt, wenn sie in Gott verwirklicht erkannt ist. Wir müssen also den Grund alles Seins suchen, wollen wir den Grund des Wissens finden; und nur in dem Maß als uns die Dialektik eine Gewißheit über Gott gibt, gibt sie uns eine Garantie für die Wahrheit des Wissens.

Die Unfähigkeit des Denkens zur Erfassung des transcendenten Grundes, die behauptete Unverkennbarkeit Gottes, treiben über das Denken hinaus zur Erforschung des Wollens, bis endlich im Gefühl die Frage nach dem Absoluten eine befriedigende Lösung findet.[1]

Liegt diese ohne Zweifel im Interesse der Dialektik, so ist es freilich noch eine andere Frage, ob sie in der Untersuchung über das Denken ihre geeignete Stelle finde. Schon in der Einleitung weist Schleiermacher der dialektischen Aufgabe in dieser Hinsicht ihre bestimmten Grenzen zu. Außer dem Wissen um das endliche Sein, könne kein andres um das ursprüngliche als jenem gleichartig aufgestellt werden. Damit würde über das Wissen hinausgeschritten, das sich seiner Natur gemäß nur auf das endliche Sein beziehen kann und es selbst würde poetisch; denn was dem Denken gegeben sein muß, kann es nicht machen. Ist nun aber transcendentales Wissen und formales dasselbe, und soll das ursprüngliche Wissen nur dargestellt werden als Verfahrungsweise jedes andere zu produciren, handelt es sich also hier zu allerletzt um eine Ableitung des endlichen Seins, dem einzigen Object des realen Denkens, vom ursprünglichen Sein, so lehrt uns die Dialektik nicht einmal, ob eine Behauptung wahr ist, d. h. also dem Sein entspricht, sondern nur, welchen wissenschaftlichen Werth sie habe.[2]

Wir werden sehen inwieweit Schleiermacher diesen methodischen Grundsätzen im Nachfolgenden treu bleibt. Allein die letztere Erklärung muß uns räthselhaft erscheinen, da ja der wissenschaftliche, der Wahrheitscharakter alles Wissens in der Uebereinstimmung mit dem Sein postulirt worden war, weil das Denken nur durch die Richtung auf das Sein zum Wissen werde, und in der Einheit mit diesem Wahrheit erlange. Die Lösung dieses scheinbaren Widerspruchs weist uns von vorn herein auf das sehr bescheidene Maß, welches auch die Dialektik für die Wahrheitsgarantie des Wissens (und also auch für die Gotteserkenntniß) zu leisten vermag, hin.

Die Wahrheit jedes einzelnen Wissens hängt nämlich ab von der erreichten Totalität, in der es seine Stelle findet; diese aber ist Ziel nicht Besitz des Denkens. Weiter aber ist uns die Uebereinstimmung von Denken und Sein gar nicht als Wissen gegeben, vielmehr nur als Ueberzeugung, in der

---

[1] Anm. An diesem Punkt ist denn auch evident wie die Gotteslehre in der Dialektik ihre principielle Behandlung und relative Abschließung erfahren mußte. Das Denken in seinem Verhältniß zum Sein repräsentirt nur die Specialisirung des allgemeinsten Gegensatzes von Idealem und Realem. Dieser Gegensatz umfaßt die gesammte Weltwirklichkeit. Indem nun aber Gott als begründende Einheit beider Gegensätze behauptet wird, erhellt wie die Bestimmung der Gottesidee im Verhältniß zur Welt überhaupt und also erschöpfend an diesem Ort erfolgen konnte.

[2] § 50. Anm.

wir den letzten Grund alles Wissens repräsentirt finden, der aber so wenig
wie das absolute Sein in seinem an sich seienden Wesen erkannt wird, vielmehr nur als treibende Kraft in dem realen Denkprozeß lebt. Es ist eben
schließlich doch nur der Glaube an die Uebereinstimmung von Denken und
Sein, welcher dem Wissen seinen Wahrheitscharakter vindicirt; und neben
der Einhaltung der Allen gemeinsamen Combinationsregeln ist es eben auch
nur die subjektive Ueberzeugung, welche dem Erkennen das vom absoluten
Wissen stets ferne bleibt, seinen wissenschaftlichen Charakter verbürgt.[1]

Für das Verständniß des Versuchs einer religiösen Begründung des
Wissens — wenn es erlaubt ist die principielle Frage der Dialektik so zu
formuliren — ist nun noch die historische Notiz von Wichtigkeit, welche uns
die Beilage C, IX. erhalten hat.

Schleiermacher behauptet hier, der beständige Kampf, welchen
die Alten gegen den Skepticismus zu führen gehabt hatten, erkläre sich
weniger daraus, daß ihnen eine eigene Wissenschaft um die Principien
des Denkens gefehlt habe, als vielmehr aus dem mangelnden religiösen
Charakter ihres Wissens. Die neuere Zeit habe den Zweifel am Wissen
unmöglich gemacht und zwar durch den Glauben, daß das Leben überhaupt
nicht möglich sei ohne beständiges Bewußtsein des Höchsten und durch die
Verbindung des Wissens mit dem religiösen Princip; woraus denn die Ansicht gefolgt sei, daß das Wissen auch nicht möglich sei, ohne ein Wissen
um das Absolute. Die Entwicklung des einwohnenden Bewußtseins von
Gott als letzter Ursach alles Seins, habe das parallele von Gott als letztem
Grund alles Wissens erweckt. Während nun die letztere Form des absoluten
Einheitsbewußtseins (Gottesbewußtsein!) zur Begründung der Wissens-
principien den Alten fehlte, begingen die Neueren den Fehler metaphysisches
und reales Wissen getrennt zu behandeln.

Es liegt in der Natur der Sache, daß es vorzugsweise der transcendentale Theil der Dialektik ist, an welche sich unsere Untersuchung über
Schleiermachers Gotteslehre anschließen muß. Derselbe gibt nun um den
Grund alles Wissens zu finden, eine Entwicklung der Gottesidee an der
Anschauung des Wissens überhaupt und des Wissens in der Verknüpfung,
eine Untersuchung über das Transcendentale an der Anschauung der Corre-
spondenz zwischen Denken und Sein, ferner des Wollens und der Identität
von Wollen und Denken, des Gefühls, welche Erörterungen sämmtlich in
der Schlußfrage nach dem Verhältniß von Gott und Welt gipfeln und ihre
abschließende, zusammenfassende Erledigung finden. Die Stelle von Exkursen
nehmen die Untersuchungen über das Wollen und das Gefühl ein, in der
Absicht den in der Wissensfunktion nicht adäquat gegebenen transcendenten
Grund in den andern Geistesfunktionen als unmittelbaren und thatsächlichen
Besitz des Menschen zu erfragen.

Das genauere Eingehen auf die detailirten Untersuchungen der Dialektik wird uns hauptsächlich folgende Fragen, jedoch ohne beabsichtigte Reihen-
folge im engen Anschluß an den Gang der Dialektik selbst, zur Beant-
wortung vorlegen:

---

[1] §§ 63—65. — § 74. — Vgl. auch § 1:4, wo die Annahme des
höchsten Gegensatzes gleichfalls als Sache der Gesinnung bezeichnet wird.

1. Wie kommt Schleiermacher in der Dialektik zur Gottesidee und erreicht er in ihr seinen Zweck einer absoluten und objektiven Begründung des Wissens?
2. Was veranlaßt ihn über Gott als Wissensprincip hinauszugehen, um über ihn als Seinsprincip in seinem transcendentalen Wesen zu reflektiren, und wie stellt sich seine Gottesidee zu den andern, die sie kritisirt?
3. Was sagt die Dialektik positiv über Gott aus? hat sie die Unerkennbarkeit Gottes bewiesen? welche Gottesidee liegt ihr und der Weltanschauung der gesammten Schleiermacherschen Philosophie zu Grunde?

II. Die Genesis der philosophischen Gottesidee Schleiermachers und ihre erste grundlegende Bestimmung.

Die Untersuchung über das Transcendentale an der Anschauung des Wissens überhaupt kommt auf dem Wege erfahrungsmäßiger Induktion zu folgenden Hauptsätzen: das Wissen ist ein Denken, welches vorgestellt wird mit einer nothwendig gleichen Produktion durch alle Denkenden und als mit dem Sein übereinstimmend. Näher betrachtet vollzieht sich das Wissen durch die organische und intellektuelle Funktion, von deren Identität aus es gleich ursprünglich auf das Sein bezogen wird; oder kürzer das Wissen ist das in der Identität der denkenden Subjekte begründete Denken und wird von diesen mit Nothwendigkeit auf das Sein bezogen. Das Streben nach Allgemeingültigkeit, welches dem Denken eignet, erklärt sich eben nur aus der Identität der geistigen Ausrüstung aller Denkenden, oder wie Schleiermacher es nennt, aus einem gemeinsamen ursprünglichen Bewußtsein und der gleichen Abzweckung alles Denkens auf die Erkenntniß des Seins.

Nun gibt es aber kein wirkliches Denken, das nicht auf dem Zusammensein der organischen und intellektuellen Funktion beruhte. Wo die eine oder andere Funktion außer Wirksamkeit gesetzt ist, hört auch das wirkliche Denken auf. Gott und Chaos z. B., sofern ersterer Gedanke allein durch die intellektuelle Funktion vollzogen wird, letzterer durch die organische, sind in sich leere Abstraktionen.[1]) Denn alles Wissen ist — und hierin steht Schleiermacher ganz auf dem Boden der Kritik der reinen Vernunft — in gleicher Weise in Verstand und Sinnlichkeit gegründet. Die Begriffe ruhen auf Anschauungen, diese gestalten sich zu Begriffen und folglich geht kein reales Denken über die Wahrnehmung, die äußere und innere Erfahrung hinaus. Die Organisation, welche alles begriffliche Denken vermittelt, ist das Organ für die gegebene Wirklichkeit, mit der wir durch sie in physischen Contakt gestellt sind; da es aber ohne Organisation kein reales Denken gibt, so bleibt dieses auf die durch den äußern und innern Sinn zu erfassende Wirklichkeit beschränkt.

---
[1]) § 114. § 126, b.

Die Idee des Wissens setzt also eine Gemeinsamkeit der Erfahrung und der Denkprinzipien bei Allen mittels der Identität von Vernunft und Organisation voraus. Freilich ist diese mit unserm Bewußtsein gesetzte Identität nicht so zu denken, daß sie die relative Differenz beider ausschlösse, noch weniger aber eine Ableitung entweder der Vernunft aus der Organisation, oder dieser aus jener, die als lebendige Denkkraft in uns lebt, zu versuchen, als den Thatsachen des menschlichen Bewußtseins widersprechend; womit die Gefahr des Materialismus sowohl, wie des einseitigen Idealismus bei Seite geschafft sein soll.[1])

Haben wir bis dahin den Charakter alles Denkens, das ein Wissen werden will in seinem Begründetsein in einem gemeinsamen ursprünglichen Bewußtsein, seinen Vollzug als an die organische und intellektuelle Funktion in gleich nothwendiger Weise gebunden erkannt, so bleibt uns noch zurück die Beziehung des Denkens auf das Sein, als das entscheidendste Moment, von dem die Wahrheit alles Wissens als Uebereinstimmung mit dem Gegenstand abhängt.

Diese ursprüngliche Identität von Denken und Sein, welche wir bereits im Vorhergehenden zugleich mit der Gemeinsamkeit eines ursprünglichen Bewußtseins, in dem alles Denken gründe, um der Idee und Wirklichkeit des Wissens willen als nothwendiges Postulat anerkannten, erhellt aber näher aus Folgendem: einmal ist im Selbstbewußtsein gegeben, daß wir beides sind Denken und Gedachtes, ferner ist das Wissen an demselben Ort nur im Sein gegeben und zwar als von diesem relativ verschieden; endlich kommen Wille und Reflexion, Wissen und Sein nur in wechselseitigem Werden durcheinander in uns vor. Tritt nun auch die Idee des Wissens niemals rein in die Erscheinung, was eine vollständige Gemeinsamkeit der Erfahrung und des Bildungsgangs Aller voraussetzen würde, so liegt sie doch in jenen beiden Momenten, dem Streben nach Uebereinstimmung und Allgemeingültigkeit, sowie nach Wahrheit als Uebereinstimmung mit dem zu erkennenden Sein allem realen Denken als treibendes Motiv zu Grunde.[2])

Haben wir auf diese Weise die Idee des Wissens aus der Anschauung des realen Denkens selbst erhoben, so ist doch damit weder die Gleichheit des ursprünglichen Bewußtseins aller Denkenden, noch auch die Uebereinstimmung von Denken und Sein thatsächlich erwiesen und begründet. Der Skepticismus, welcher aus der Verschiedenheit der Resultate wie der Methode des menschlichen Denkens die Einheit der allen gemeinsamen Vernunft dahingestellt sein läßt und die Möglichkeit des Wissens durch die behauptete absolute Differenz zwischen Denken und Sein zu läugnen bestrebt ist, wäre damit noch nicht abgewiesen. Werden die Tendenz und die Voraussetzungen des Denkens in seinen Postulaten auch anerkannt, so ist damit über die Realisirbarkeit der ersteren, wie über die Wahrheit der letzteren um so weniger ein stichhaltiger Entscheid gegeben, als ja alles Wissen im Werden begriffen ist und kein einzelnes seiner Idee thatsächlich entspricht und sie dadurch zu rechtfertigen vermöchte.

Schleiermacher ist nun vor Allem bemüht, die Einheit von Denken und

---

[1]) §§ 86—9. [2]) §§ 96—114.

Sein soweit als irgend möglich und trotz der in der Einleitung vernommenen Aeußerung, daß sie Glaubenssache sei, wissenschaftlich zu begründen, um den Kantschen Dualismus zwischen Ding an sich und Erscheinung für immer aufzuheben, und den objectiven Wahrheitscharakter des Wissens zu retten. In dieser Frage gipfelt die transcendentale Untersuchung der Dialektik, ihre Behandlung und relative Lösung enthüllt uns die Genesis der Schleiermacherschen Gotteslehre, legt die Grundzüge seiner wissenschaftlichen Methode wie seiner Weltanschauung überhaupt blos.

Die oben angeführten Merkmale, welche für die Wahrheit der Wissensidee sprechen, waren doch nichts als der Betrachtung des empirischen Denkens entnommene Voraussetzungen und Postulate. Die Beziehung alles Denkens auf das Sein, beweist noch lange nicht die Möglichkeit einer adäquaten Seinserkenntniß, rettet die Wahrheit nicht vor dem kritischen Einwurf, welchen die Kantische Erkenntnißlehre aufrecht erhält, daß ihr nur subjektive Bedeutung zustehe, daß sie nur Ausdruck des uns erscheinenden nicht aber des wirklichen Seins sei. Hat nun auch das im Werden begriffene Denken, so lange ihm der gegensätzliche Charakter anhaftet niemals eine Erreichung des Wissensideals zu erwarten, so muß ihm doch die Wahrheit seines Strebens zum mindesten verbürgt sein durch die Erkenntniß, daß es thatsächlich auf die Erkenntniß des Seins angelegt und dieses für das Denken empfänglich sei, und wir also nicht selbstgemachten Schein, sondern in Wahrheit, wenn auch noch so unvollkommen gegebenes wirkliches Sein erkennen.

Hier ist nun der Punkt wo Schleiermacher, den in der Einleitung aufgestellten begrenzenden Grundsätzen entgegen, über die Anschauung des erfahrungsmäßigen Wissens hinausschreitend, die Erfahrungsbasis, sowie die empirische Methode seiner Untersuchung verläßt. Aber auch mit Nothwendigkeit verlassen muß. Denn soll die objektive Wahrheit des Wissens, seine Uebereinstimmung und genuine Verwandtschaft mit dem Sein nachgewiesen und begründet werden, so kann man sich nicht auf die Auffassung dieses Verhältnisses in unserm Bewußtsein beschränken; vielmehr da deren Wahrheit rein subjektiver Natur ist, so gilt es zugleich mit dem Gegensatz die Einheit von Denken und Sein in dem letzteren selbst nachzuweisen. Da nun aber wie behauptet wird, das Sein diesen Gegensatz selbst unüberwunden an sich trägt, und nirgends im realen Denken und Sein beider Einheit objektiv verbürgt erscheint, so muß jene Einheit über oder hinter dem realen Sein im Transcendentalen gesucht werden, das somit Grund und Bürge für die Einheit von Denken und Sein, für die Wahrheit unseres Wissens wird.

Schleiermacher entledigt sich dieser Aufgabe, indem er zunächst den in unserem Bewußtsein durch Vernunft und Organisation repräsentirten allgemeinen Gegensatz von Denken und Sein, in dem alles Denken verläuft und dessen Aufhebung andererseits alles zum Wissen strebende Denken zu fordern scheint, zu dem allgemeinsten, höchsten Gegensatz des Idealen und Realen erweitert; und zugleich die beschränkte und specialisirte Form, die er im menschlichen Bewußtsein erleidet und doch hier bereits über sie hinausstrebt durchbrechend, den Gegensatz im Bewußtsein als einen Gegen satz im Sein, als den allgemeinsten kosmischen Gegensatz überhaupt zu begreifen sucht.¹)

Der Gegensatz von Denken und Sein gründet in dem höchsten Gegensatz des Idealen und Realen.

Dieser Satz, welchen die Dialektik einfach als Behauptung stehen läßt, scheint uns einer Erläuterung um so bedürftiger, als er zu den Fundamentalsätzen der Schleiermacherschen Philosophie gerechnet werden muß. Der Vieldeutigkeit und weitschichtigen Allgemeinheit der Schleiermacherschen Grundgedanken und Resultate kann man nur dadurch einen begrenzten und exakten Sinn abgewinnen, daß man sich die Art ihres Zustandekommens, den Weg auf dem sie erreicht werden, verdeutlicht, wie denn auch dieses Verfahren das sicherste kritische Mittel zu sein scheint, welches über ihren Werth oder Unwerth entscheiden kann. Denn es handelt sich im Nachfolgenden, wie bereits angedeutet, nicht sowohl um eine nüchterne, erfahrungsmäßige Untersuchung, welche jenen höchsten Gegensatz eingehend erklärte, die höchste Einheit, welche ihn und alle untergeordneten Gegensätze umschließen und begründen soll, ihre Natur und Existenz thatsächlich nachwiese, sondern wie Schleiermacher, indem er alles reale Denken an die wahrnehmbare Wirklichkeit bannt und die Schlußform als Organ für die Erforschung der Gründe alles Seins gänzlich verwirft, selbst indirekt eingesteht um eine Construktion beider des höchsten Gegensatzes wie der höchsten begründenden Einheit. An die Stelle des nüchtern das Gegebne und seine Ursachen prüfenden Verstandes, tritt im Dienste eines dringenden Einheitsbedürfnisses die philosophische Phantasie, welche die Ahnungen des Geistes in die Wirklichkeit einführt; ohne eine andre Rechtfertigung ihres Unternehmens als die in ihrem Bedürfniß gelegene, hier die Grenzen des Wissens durchbricht, dort sich leicht über verhüllte Gegensätze hinwegschwingt, um nur die über Alles verlangte Einheit, das Idol des philosophischen Geistes, wenn auch durch das ungeschickte Medium einer halb oder falschverstandenen Wirklichkeit zu erhaschen.

Es genügt nicht, daß wir glauben Seiendes zu erkennen, wie es ist. Wir müssen eine gültige Garantie für die Möglichkeit und Wahrheit des Aufeinanderbezogenseins von Denken und Sein, die uns doch zunächst in unausgeglichener Differenz entgegentreten suchen, um in ihr die Gewißheit der objektiven Wahrheit des Wissens zu besitzen.

Eine dialektische Operation verwirklicht diesen Wunsch: Schleiermacher setzt das Denken, als ideales Moment in das Sein, und das Sein als reales Moment in das Denken. Vernunft und Organisation sind aber nur ineinander und durch einander; beide spiegeln das gesammte Sein ab und reihen uns also auch als Glieder in das allgemeine Sein ein. Sind Vernunft und Organisation in uns eins, sind wir durch sie mit dem Sein eins, so ist es offenbar, daß sie nur ein allgemeines Seinsverhältniß specialisiren, daß sie in dem allgemeinsten Gegensatz des Idealen und Realen gründen; weiter aber auch, daß das Sein so gut voll Vernunft ist, wie die Vernunft voll Sein. Und — um diese Gedankenreihe sogleich ihrem Ziel-

---

¹) Dial. §§ 132—137. Philos. Eth. pag. 14, 45—48. pag. 247,27.

punkte zuzuführen — auf Grund dieser originalen Verwandtschaft zwischen Idealem und Realem, ist das Sein in beiden identisch gesetzt, nur in zwei relativ verschiedenen Formen, beide finden im Sein ihre Einheit; das eine Sein als Identität des Idealen und Realen begründet demgemäß mit der Einheit des höchsten die aller untergeordneten Gegensätze; mit der Einheit alles gegensätzlichen Seins ist in ihm auch die von Denken und Sein verbürgt und — um auf den Ausgangspunkt zurückzugelangen — die objektive Wahrheit des Wissens gerettet.¹)

Man sieht wie Schleiermacher an diesem Punkt über Kant hinausstrebt zu einer Garantie für die objektive Wahrheit des Wissens; es ist klar wie er hier über die begrenzte Aufgabe der Dialektik hinaus auf die allgemeinen Gedanken einer gegensätzlichen Welt und ihrer Begründung in einem gegensatzlosen und darum transcententalen Sein zurückgreifen konnte. Denn nicht durch eine tiefere und zugleich erfahrungsmäßige Erkenntniß des Gegensatzes von Denken und Sein und seiner postulirten Einheit kommt Schleiermacher über den unüberwundenen Kritiker hinaus, sondern durch die Einführung einer unter vorwiegend ästhetischen Impulsen stehenden, von dem der Oberfläche aller Seinsformen abstrahirten Gedanken der Einheit beherrschten Weltanschauung, die nicht sowohl das vorliegende Problem erst hervortreibt, sondern vielmehr wie Schleiermacher es früher nannte als Sache der Gesinnung aufgefaßt, nun der Erklärung des vorliegenden Gegensatzes zu Grunde gelegt wird.

Der Kantischen Ansicht, welche die Differenz von Denken und Sein ungelöst stehen zu lassen aufforderte, weil beide Größen schlechthin unvergleichbar und materialiter verschieden seien, findet Schleiermacher in der organischen Funktion unsre Einheit mit der Außenwelt gegeben und schließt von der in uns unmittelbar gesetzten Einheit von Vernunft und Organisation auf ein allgemeines alles Sein constituirendes Ineinander von Vernunft und Natur. Hatte Kant das menschliche Bewußtsein als ein absolut einzigartiges Sein der Natur gegenüber stehen gelassen, und hierdurch der Scheidung von Geist und Natur eine erfahrungsmäßige Basis zuerkannt, die Möglichkeit einer durch physische Kategorien unbeschädigten Ethik, die Anerkennung der unbedingten Ueberlegenheit des Geistigen aber das Physische gefördert, freilich aber auch den Dualismus zwischen Ding an sich und Erscheinung unüberwunden befestigt, so macht Schleiermacher, bei welchem das wissenschaftliche Interesse nur noch von dem religiösen erreicht wird, letzteres aber — um einer Terminologie der Glaubenslehre gerecht zu werden — weit mehr durch das aesthetische als das sittliche Moment bestimmt erscheint, den Versuch zur Ueberwindung desselben, zur Rettung einer einheitlichen Weltanschauung, wie des objektiven Wahrheitscharakters des Wissens, allein wie uns scheint auf Kosten der Einzigartigkeit des

---

¹) Dial. § 132 ff. Vgl. auch: Philos. Eth. pag. 38, 1—8, wo der höchste Gegensatz Vernunft und Natur näher in dem Verhältniß der Aktivität und Passivität bestimmt wird. pag. 55, 46 Anm. wo die materiale Einheit des höchsten Gegensatzes, seine Differenz als eine nur formale betont wird. Ueber die Genesis des höchsten Gegensatzes aus dem empirisch aufgenommenen des Denkens und Seins vgl. auch: Philos. Eth. pag. 261, 4.

menschlichen Bewußtseins, durch Naturalisirung des Geistes, welcher der absoluten Einheit zu Liebe es sich gefallen lassen muß mit dem dinglichen Sein in einem Topfe gekocht zu werden. Denn die Einheit von Denken und Sein ist nach der formalen Seite hin nicht anders zu denken als die Indifferenz, welche den Gegensatz zu einem blos formalen herabdrückt, seine Einheit durch Aufhebung der charakteristischen Art jeder der beiden Größen eben auch nur formaliter erreicht; realiter aber und als wirkliche Seinsgröße bestimmt ist die absolute Einheit nur das Produkt einer absoluten Mischung des Idealen und des Realen.

Wir fragen hier zunächst was Schleiermacher durch die obigen Aufstellungen erreicht habe. Die Antwort der Dialektik lautet: den Nachweis der Uebereinstimmung von Denken und Sein, durch Begründung des Gegensatzes von Vernunft und Organisation in dem höchsten alles Sein umfassenden Gegensatz des Idealen und Realen (der Vernunft und der Natur), so daß in beiden die Principien aller Vernunft- und organischen Thätigkeit gefunden wurden, beide aber in der Idee des Seins ihre höchste Einheit fanden.¹)

Die Darlegung der Methode durch welche Schleiermacher diese Resultate erzielt, reicht vollkommen aus, uns zu einer Entscheidung über ihren wissenschaftlichen Werth zu verhelfen, ist in sich selbst eine klare und zugleich die gerechteste Kritik ihrer Leistung.

Schleiermacher will die Uebereinstimmung von Denken und Sein, welche früher aus der Auffassung dieses Gegensatzes im menschlichen Bewußtsein als glaubwürdig nachgewiesen war, nun aber eine objektive Begründung erfahren soll, zuerst daran erkennen, daß das Denken ja auch ein Sein sei sobald es Gegenstand der Reflexion werde. Indessen wird diesem Argument kein Werth zuzumessen sein. Denn die Aussage der Existenz des Denkens ist kein Beweis für seine Uebereinstimmung mit dem außer ihm gesetzten Sein. Ebensowenig kann das Gegebensein mehrerer Denksubjekte als Bestätigung hierfür angezogen werden, vielmehr beweist dies nur, daß auch außer uns denkendes Sein existirt; und wenn endlich die Einheit unseres Bewußtseins in dem Gegenübergestelltsein der organischen und intellektuellen Funktion allerdings die Beziehbarkeit des Denkens auf das äußere Sein uns zur Gewißheit macht, so ist doch mit unserm Bewußtsein auch die schlechthinige Unvergleichbarkeit des Geistigen und Physischen gesetzt. Schleiermacher verwechselt eben hier den Begriff des Seins als Aussage der bloßen Existenz mit dem Begriffe des Seins sofern derselbe Ausdruck der qualitativen Differenz des Physischen gegenüber von dem Geistigen ist. Allerdings kommt beiden dem Denken und dem physischen Sein, das Sein als Aussage ihrer Existenz zu. Um deswillen aber, weil beide sind, sind sie doch noch lange nicht dasselbe. Indem also Schleier-

---

¹) Schleiermacher aus Spinoza oder Schelling erklären wollen heißt seine Eigenthümlichkeit, die in der Combination der verschiedensten philosophischen Systeme oder deren Hauptgedanken ihre Selbstständigkeit behauptet, völlig verkennen. Hat er den Gegensatz von Denken und Sein dem Spinoza, den von Idealem und Realem Schelling nachgebildet, ist seine Erkenntnißlehre völlig durch Kant bestimmt, so werden wir namentlich bei Bestimmung des Absoluten den Einfluß Fichtes wie die Verwandtschaft mit Plato und den Eleaten nicht verkennen dürfen.

macher bemüht ist die Einheit von Denken und Sein nachzuweisen, faßt er zunächst das Problem in einer so allgemeinen und unklaren Gestalt auf, daß er hierdurch den Gegensatz des physischen und geistischen Seins völlig verwischt und schreitet über den erfahrungsmäßigen Nachweis der Uebereinstimmung, oder richtiger der Aufeinanderbeziehbarkeit beider Größen, hinaus zu der Behauptung ihrer totalen Einheit im absoluten Sein. Um so weniger wird aber dieser Gedankenfolge der Charakter wissenschaftlicher Erkenntniß zustehen, als sie gegen Schleiermachers Erkenntnißprincip nicht auf dem Wege und mit Beachtung der Grenzen des realen Denkens gewonnen wird, vielmehr bei gänzlicher Ignorirung der qualitativen Werthunterschiede im realen Sein, die empirische Wirklichkeit und besondre Art seiner differenten Größen übersieht, und mit durchaus formalistischer Bestimmung der allgemeinsten rein formalen Verhältnisse, sowie durch Abschwächung der Gegensätze im dinglichen Sein zu dem gehaltlosen Ergebniß einer von der Erfahrung entblößten dialektischen Reflexion wird. Die Einheit von Idealem und Realem, so wenig sie im Sinne einer chemischen Mischung als absolutes Sein erfahren werden kann, kann darum dem im endlichen Sein in mechanischer Coordination aufgestellten höchsten Gegensatz eben so wenig als begründendes Princip vorangestellt werden.

Doch halten wir uns besser an die Methode der Dialektik, da Resultate, welche ein individuelles Bedürfniß befriedigen schwerlich durch Wissenschaft zu erschüttern sein dürften, in Beziehung auf erstere aber eine wissenschaftliche Legitimation unumgänglich ist.

Indem Schleiermacher in ganz formalistischer Weise Denken und Sein als parallele Modi des höchsten Seins bezeichnet, gewinnt er ihre Einheit, durch die logische Unterordnung beider Größen unter eine dritte und zwar die allgemeinste denkbare Bestimmtheit, das Sein. Alles ist Sein, folglich ist das Sein die Einheit von Allem. Aber eine dialektische Kategorie kann keine Wirklichkeit begründen. Denn was ist der reale Gehalt dieser Vorstellung? Allen Dingen kommt das Prädikat sein zu, ohne jede Rücksicht auf ihre differenten Qualitäten; indem somit in dem einen oder absoluten Sein nur der allgemeine Begriff der Existenz gesetzt wird, wird durch dasselbe um so weniger ein Gegensatz begründet als es selber qualitätslos eine bloße Abstraktion nicht aber eine Realität ist. Das absolute Sein, welches die Einheit des Idealen und Realen begründen soll, ist eben nichts als der Gedanke dieser Einheit mit dem Postulat der Wirklichkeit. Von dem allen Dingen zukommenden Prädikat sein wird behauptet, daß es sei und zwar, weil als umfassendstes, so auch als begründendes Sein. Das Sein ist aber nicht außer den Dingen und sofern es in ihnen ist kann es sie nicht begründen. Es ist also für die Gewißheit des Wissens durch die Idee der absoluten Einheit des Idealen und Realen so wenig erreicht, wie für die transcendentale Begründung des realen Seins.

Wenn nun aber Schleiermacher erklärt, das gesuchte Transcendentale, also den Grund alles Wissens in der Idee des absoluten Seins gefunden zu haben und zwar gleichzeitig als nur in den Modis des Idealen und Realen gegeben, wenn er § 106 den innern Grund der Uebereinstimmung von Denken und Sein das gesuchte Transcendentale nennt und wir damit vergleichen, wie er in der Einleitung das einwohnende Sein Gottes als Wissensprincip bezeichnet, so ist es außer allem Zweifel, daß er in dem Vorangegangenen mit dem Wissensprincip zugleich Gott als die absolute Einheit des Seins oder als absolutes Sein gefunden haben will. Eine Unterscheidung beider Ausdrücke ist nicht durch den Gebrauch der Dialektik indicirt; das Sein ist absolut sofern und weil es das eine ist, und die absolute Einheit ist das absolute Sein sofern und weil sie das endliche Sein begründet. Als absolute Einheit alles endlichen Seins wird das absolute Sein auch nur in diesem gefunden, kann außer der Welt und ohne sie nicht gedacht werden, existirt also mindestens für uns nur in den endlichen Dingen.[1])

Hieraus erklärt es sich nun auch wie Schleiermacher behaupten kann, die Ueberzeugung von der Wahrheit des Wissens sei identisch mit der Ueberzeugung vom Sein Gottes im Wissen. Wird Gott als die absolute Einheit aller endlichen Vielheit gedacht, so erklärt es sich wie alles auf der Ueberzeugung der Einheit des Seins ruhende Leben, wie alle auf Einheit abzweckende Thätigkeit, wie Wissenschaft und Kunst, wie das Leben überhaupt nur unter der religiösen Bestimmtheit sich vollziehen kann. Es ist die als Naturanlage allem Seienden eingeborene Einheitstendenz, welche es mit Naturnothwendigkeit unter die religiöse Bedingtheit stellt. Freilich wäre diese Bestimmung des allgemeinen Wesens der Religion als einer nothwendigen und fundamentalen Seinsbeschaffenheit bis dahin nur als die Naturbasis zu beurtheilen, auf deren Grund sich die lebendige Aktivität des Religiösen erst noch erheben müßte.

Allein so werthvoll uns jener Einheitsgedanke immerhin erscheinen muß, so wird doch seine Bedeutung geschmälert, wenn wir an sein Zustandekommen zurückdenken und ihn in seiner genaueren Bestimmtheit auf seine Tauglichkeit zur Lösung unseres Doppelproblems der gleichzeitigen absoluten Begründung des gegensätzlichen Wissens und Seins in einem gemeinsamen einheitlichen Grunde ansehen.

Der ursprüngliche Ausgangspunkt der Untersuchung über das Transcendentale war die erstrebte Einheit von Denken und Sein, als Grund der Wahrheit des Wissens. Dieser Wissensgott ist aber nichts anders als das dialektische Resultat einer Zusammentragung aller im Anfang aufgestellten Postulate und Voraussetzungen der Wissensidee; die Einheit von Denken und Sein überstieg auf dieser Seite nicht den Werth einer Formel, ihre Existenz blieb in Frage gestellt. Da es nun aber Schleiermachers Erkenntnißlehre verbietet über die Erfahrung hinaus zu wissen, und demgemäß eine Erkenntniß Gottes abgesehen von seinem Sein in der Welt für unmöglich erklärt, so fragt es sich wieder mit welchem Recht die Dialektik von einem Grunde der Uebereinstimmung zwischen Denken und Sein reden könne, wenn dieser transcendentale Grund doch nirgends gegeben ist als in unserm Bewußtsein um die Einheit alles Seins und in keiner anderen Gestalt als in der jeweilig vollzogenen Erkenntniß. Ist das Transcendentale nur das über die Erfahrung hinausliegende, aber doch in ihr sich offenbarende

---

[1]) Dial. §§ 135—137.

geheime übersinnliche Princip und Motiv alles Denkens, in dem die Beziehung auf das Sein nothwendig mitgesetzt ist, ist also im Denken selbst ursprünglich und unzeitlich die Einheit mit dem Sein gegeben, so fragt es sich welcher weiteren Begründung jene thatsächlich gegebene transcendentale Einheit überhaupt noch bedürftig und fähig sei und mit welchem Recht die doch nicht allein und nicht zuerst aus der Denkfunktion zu erhebende Gottesidee auf sie angewandt werde.

Schleiermacher hatte jene Einheit als dem Denken immanentes transcendentales Motiv gefunden; übersieht man nun die Differenz zwischen physischem und geistigem Sein, ist dieser Gegensatz die zu überwindende Erscheinung einer zu Grunde liegenden ursprünglichen Einheit, die sich in dem Bestreben der Denkenden die Gegensätze zu überwinden vor allem andern manifestirt, so liegt doch immer jene postulirte Einheit im Denken allein, und da es dessen Wesen ist mit dem Sein in Uebereinstimmung zu gelangen, weil es ursprünglich mit ihm eins ist und diese Einheit nirgends anders als in dem transcendentalen Denkimpuls liegt, so ist das Wissen Grund seiner selbst, und seine Begründung in Gott scheint so überflüssig als unmöglich. Warum aber wird dennoch das Sein der Wissensidee in uns als Sein Gottes bezeichnet? Weil die dem bewußten Sein zu Grunde liegende Einheit nicht ausreicht die im unbewußten zu begründen, auf welch letzteres sich ja doch das endliche Bewußtsein als ein von ihm Verschiedenes bezieht. Indem also zugleich mit jenem Gegensatz, diese Einheit auf alles Sciende übertragen wird, findet man Gott als Einheit alles Seins und somit als Princip alles Wissens. Freilich ist das Denken auch ein Sein, aber es fordert doch um seiner selbst willen den Gegensatz zu dem äußeren Sein, und bleibt so ein Modus des einen Seins, der zu einem andern im Gegensatz steht und diesen in sich selbst nicht absolut überwinden kann, da ihm mit dem Charakter der Gegensätzlichkeit die Endlichkeit anhaftet.

Aber so nichtig uns die Begründung des Wissens in seiner ursprünglichen Idee erscheinen mußte als wir uns über ihr Zustandekommen aufklärten, so nichtig scheint uns der Weg auf dem die Gottesidee in ihrer begründenden Absolutheit gegenüber dem endlichen Sein festgestellt werden soll. Da beide identisch gedacht sind Gott und Wissensprincip, das letztere gewissermaßen nur als eine Specifikation des ersteren, so besteht der einzige Fortschritt in der Untersuchung in einer quantitativen Erweiterung der Gegensätze und in einer demgemäß erweiterten über das gesammte Sein ausgedehnten Anwendung der Einheitsidee. Ideales und Reales sind eben beide Sein, und somit identisch. Auf dialektischem Wege ist es unschwer das beiden Größen zustehende Prädikat Sein als eine dritte selbständige Größe zu behaupten, und die Anwendung des mathematischen Satzes, daß zwei Größen die einer dritten gleich sind untereinander selbst gleich sein müssen, ergibt das Resultat: Ideales und Reales identisch mit dem Sein, also auch untereinander identisch.

Ohne Zweifel dieses Rechenerempel in dem die constructive Methode der Dialektik ihren Höhepunkt erreicht wäre abgeschmackt, wenn ihm nicht die zu Grunde liegende Weltanschauung einen realen und für die Gotteslehre bedeutungsvollen, wenn auch nicht entscheidenden Sein zutrüge. Und damit kommen wir zu der anderen Seite des früher angedeuteten Gegensatzes der in der dialektischen Untersuchung überall sich geltend macht, von Gott der als Wissensidee nur formaliter bestimmt werden konnte, zu Gott der als Grund der Welt als reale Seinsgröße gedacht werden muß. Es ist aber nun ganz unverkennbar, daß Gott bis dahin — wir werden später diese Vorstellung modificirt sehen — als das Sein welches den Gegensatz des Idealen und Realen aufheben soll, nur als die absolute Identität dieses Gegensatzes oder handgreiflicher als die absolute Mischung beider coordinirten Seinsformen verstanden werden kann. Diese absolute Einheit erscheint als solche freilich niemals und bleibt insofern von der wahrnehmbaren, in dem Gegensatz gefangenen Welt geschieden. Allein indem Gott als das Sein bezeichnet wird d. h. als das allem Seienden Gemeinsame, schlechthin Nothwendige und Gleichseiende, tritt er zu diesem in den Gegensatz des Wesens zu seiner Erscheinung. Bleibt nun auch das Wesen von seiner Erscheinung stets getrennt, weil eben die Einheit nie Vielheit ist, so kommt ihr doch so wenig eine Wirklichkeit außer der Vielheit zu wie der Vielheit eine Begründung außer in der Einheit. Grund der Welt ist also Gott durchaus nicht in dem Sinne einer für sich seienden Existenz, die als Ursache eine relativ selbstständige Wirkung veranlaßte, sondern in dem Sinn als die Erscheinung über sich hinaus auf das Wesen hinweist, das sie erklärt. Wir sehen demgemäß hier den Gegensatz von Ding an sich und Erscheinung, den Schleiermacher nach einer andern Seite hin abgewiesen hatte, in dem Verhältniß in welchem die Einheit zur Vielheit, das eine Sein zu dem vielen Sein, die Gegensätzlichkeit zur Identität, Gott zur Welt gedacht wird wiederkehren. Es wird sich zeigen ob diese Auffassung als nothwendige Consequenz des Vorangehenden, durch spätere Untersuchungen über das Transcendentale bestätigt oder alterirt werde. So sehr wir nun auch ein endgültiges Urtheil an diesem Orte zu fällen unvermögend sind, so sehr müssen wir gerade hier auf eine scharfe Fixirung der Momente bedacht sein, welche bis dahin zur Constituirung der Gottesidee in Betracht kommen. Sehen wir gleich anfangs die Einheit von Denken und Sein dadurch erreicht, daß beide differente Größen, als Sein für identisch erklärt wurden, so wiederholt sich derselbe Proceß bei Bestimmung des Absoluten. Weil beide Sein sind, sind Ideales und Reales, Geist und Natur wesentlich identisch, denn das Sein ist ja die Einheit von Allem. Qualitativ bestimmt wäre dies eine Sein, das Ideal-Reale, und und als solches weder im realen Sein erkennbar, noch durch das reale Denken erreichbar, denn beide beruhen eben so sehr auf dem Gegensatz wie auf der Einheit. Indem nun aber die gegensätzliche Welt in der Tendenz auf Einheit mit ihrem Ursprung gewissermaßen ihr besseres Ich verräth, wird jener mathematische Gedanke, welcher nach dem quantitativen Maßstab des Allumfassenden, das eine unendliche Sein als den Grund seiner erscheinenden Vielheit bezeichnet, dadurch überschritten, daß die Einheit als solche für besser erklärt wird als die aufzuhebende Vielheit. Freilich wird dieser Gedanke nicht so weiter geführt, daß das Sein welches blos Einheit ist, zu dem Sein welches die Einheit nur in der Vielheit hat in einem unausgleichbaren, d. h. qualitativen Gegensatz käme. Die Einheit wurde ja nur in der Vielheit gefunden und soll diese begründen. Das kann sie aber nach den

Schleiermacherschen Prämissen nur wenn sie dieselbe thatsächlich ist. Demzufolge heißt die Einheit als das wahre Wesen der Dinge ihr Grund. Allein dieser Grund der Dinge verhält sich nicht anders zu ihnen als die intelligible Welt zur empirischen. Beide bilden thatsächlich eine Seinsgröße, deren Natur es ist in einer Vielheit der Dinge zu erscheinen, deren Wesen als das allgemeine eine Sein, stets unanschaubar, allem Anschaubaren als seine Einheit zu Grunde liegt. Das Verhältniß von Ursache und Wirkung auf beide Größen angewandt ändert in der Schleiermacherschen Auffassung, keineswegs unsre Darstellung, denn dasselbe wird näher in dem Gegensatz des Allgemeinen und Besonderen bestimmt und hier wie überall läßt es die mathematisch formalistische Methode der Dialektik nicht zu über die Formen des Seins hinaus auf dessen qualitative Bestimmtheit einzugehen. Aus dem allem ist klar wie die absolute Einheit des Idealen und Realen identisch ist mit dem Gedanken des einen allgemeinen Seins. Indem wir also keinen Grund finden konnten, einen qualitativen Unterschied zwischen dem einen Sein und dem vielen, das es begründet, festzustellen, haben wir die formale Differenz beider näher zu erklären. Zunächst erklärt sich das Prädikat transcendental für die höchste Einheit allein aus ihrer Unerkennbarkeit; Absolutheit aber steht ihr zu, indem sie als das allgemeine und fügen wir hinzu, als das wahre Wesen aller Dinge diese völlig umschließt, und in unendlicher Umschließung begründen soll. In welchem Sinn diese Begründung zu verstehen sei, haben wir oben gesehen. Wir machen sogleich hier auf den Punkt aufmerksam an dem eine Weiterbildung der Gotteslehre möglich erscheint. Das absolute Sein wird nämlich in ein anderes Licht gerückt, je nachdem es als das allgemeine Sein, oder als das Sein, welches wesentlich und nur Einheit ist aufgefaßt wird. Die Betonung des ersteren Gedankens bringt es der Identifikation mit der Welt näher, die Betonung des letzteren trennt es von ihr.[1])

Im Grunde ist es die oberflächliche und formalistische Bestimmung der Gegensätze im Endlichen, welche mit der Verkennung der unausgleichbaren Differenz namentlich des Geistigen und des Physischen verhindert, daß die höchste Einheit hier anders bestimmt wird, denn als das Resultat einer chemischen Mischung des Idealen und Realen. Hierdurch hat sich denn auch Schleiermacher den Weg verlegt auf dem man zur Erkenntniß

---

[1]) Für die Idee der Einheit als dem Wesen alles Seins gibt es eine religiöse und philosophische Erklärung. Auf der ersteren Seite ist es das Urtheil, welches das Gegensätzliche dem Widerspruchsvollen, das Endliche dem Beschränkten, das Veränderliche dem Unbestand gleichstellt, hinter der Vielheit wechselnder Erscheinungen ein beharrendes ewiges Wesen sucht. Auf der andern ist es die Aktivität des Einheitsgefühls in der Erkenntniß der einheitlichen Ordnung und Abzweckung aller Dinge. Wir können nicht umhin auf die so zusagen populären Wurzeln, dieses centralen Gedankens der Philosophie Schleiermachers, wie sie in der eleatischen Schule und besonders bei Xenophanes hervortreten, aufmerksam zu machen. (vgl. Zellar. Philos. d. Griechen I p. 381 f.) Freilich ist es eine Folge der formalistischen Aeußerlichkeit in der dieser Gedanke stehen gelassen wird, daß das Urtheil: nur das Eine ist das wahre Sein, in das andere sich umkehrt: alles Sein ist eines. Ist letztere These der ausgesprochene Pantheismus, so kann in der ersteren die Tendenz auf den Theismus nicht verkannt werden.

Gottes als absoluten Geistes, zur Sicherung seiner Trancendenz in einem selbstständigen Fürsichsein allein gelangt und wie hieran die objektive und absolute Begründung des Wissens und der Welt überhaupt in Gott scheitert, die Differenz beider in unklaren Formeln schwankt, während ihre qualitative Identität unvermeidlich wird, müssen wir Bedenken tragen die religiöse Vorstellung von Gott, entweder in einer gehaltlosen Formel oder in einer durch physische Kategorien bestimmten absoluten Einheit alles Seins anzuerkennen.

Das Recht einer Wissenschaft wird hier zuerst anerkannt werden müssen, welche die Aufhebung der Gegensätze nicht vollzieht, ehe sie dieselben als solche verstanden hat, welche ihrer Einheit nicht in ihrer Vermischung, sondern in ihrer gemeinsamen Abzweckung sucht, welche bei Anerkennung der qualitativen Verschiedenheit des Geistigen und Physischen deren Differenz nicht blos in die Form, sondern in das Wesen verlegt, und demzufolge den Grund der Welt nicht in der absoluten Einheit ihrer Gegensätze gefunden zu haben wähnen kann, zumal wenn dieselbe nichts ist als die Abstraktion des chemisch gemischten Idealen und Realen, die durch ein dialektisches Postulat nicht in die Wirklichkeit gerufen wird.

Wir verstehen es also jetzt von zwei Seiten, warum Schleiermacher ein Erkenntniß des Absoluten abweisen muß. Neben seinem Erkenntnißprincip fordert es die Natur der Sache. Nur das Seiende erkennen wir, es gibt aber kein wirkliches Sein das nicht irgend wie qualitativ bestimmt wäre; was sein will muß auch etwas sein, soll es erkannt werden als ein Sein. Das absolute Sein entbehrt nun aber wie es von Seiten der Denkfunktion einseitig bestimmt wird, mit jeder qualitativen Bestimmtheit jedes Gehalts. Andrerseits kann es als absolute Identität des Idealen und Realen nie gedacht werden, weil das Denken glücklicherweise zwar über die Thatsachen hinaus aber nicht wider dieselben, als dasselbe denken kann was verschieden ist und für uns verschieden bleibt. Das absolute Sein ist allerdings unerkennbar, aber Gott ist mehr als absolutes Sein.

Wir finden also daß es nicht nur ein großer, sondern auch ein wahrer Gedanke ist, daß wir Gott als Grund aller lebendigen Processe in uns tragen, wir müssen es Schleiermacher nachrühmen, daß er Ernst macht mit dem Nachweis der ursprünglichen Beschaffenheit und Allgemeinheit des Religiösen, sowie der Immanenz Gottes in der Welt, allein die Gottesidee der Dialektik hat uns bis dahin keine ausreichende Bürgschaft weder für die Transcendenz Gottes noch auch für die Begründung der Welt in ihm gegeben; ihre Gottesidee ist das Produkt einer abstrakten Weltconstruktion, die an der Unmöglichkeit den Gegensatz des Geistigen und Physischen zu begreifen ihre Erfahrungswahrheit einbüßt, und weder zur Erklärung der Wahrheit des Wissens, noch auch der Abhängigkeit der Welt ausreicht. So sehr wir also Schleiermachers Tendenz im Allgemeinen zu würdigen wissen, so sehr wir die Consequenz und den Scharfsinn seiner Deduktionen bewundern mögen, können wir dennoch weder der Methode, noch auch den Resultaten der Untersuchung über das Transcendentale an der Anschauung des Wissens überhaupt, der fehlenden Erfahrungsbasis halber den Werth wissenschaftlicher Erkenntniß zugestehen. —

Bis dahin hat Schleiermacher nur im Allgemeinen das Denken, welches Wissen werden will und eben darum die Uebereinstimmung mit dem Sein voraussetzt betrachtet. Diese Einheit war in der wahrnehmbaren Wirklichkeit überall nur als Voraussetzung und Tendenz, niemals aber in adäquater Gestalt gegeben, sie mußte also hinter der Erscheinungswelt im Transcendentalen gesucht werden. Hier konnte sie als Grund alles Wissens nur insofern bestimmt werden als sie zugleich als Grund alles Seins erkannt war. Nun geht er zur detailirten Betrachtung des Denkprocesses fort, schließt vom formalen Denken auf das entsprechende Sein und von beiden auf das zusammenschließende begründende Transcendentale, die absolute Einheit, Gott.

Die durchschlagende Tendenz dieser Erörterung liegt in der consequenten Durchführung und Bewährung des Gedankens von der absoluten Einheit alles Seins durch Nachweisung der Relativität aller Gegensätze, welche das Denken in sich und im Sein findet, gewissermaßen der Detailbeweis für die allgemeinste, begründende Einheit des Idealen und Realen. Der Nachweis der relativen Identität aller Gegensätze, verlegt dieselben ausschließlich in die Form des Seins, und ist getragen von dem grundlegenden Gedanken der wesenhaften Einheit aller Dinge. Indem wir im Nachfolgenden eine genaue Scheidung zwischen der Idee der absoluten Einheit, sowie dieselbe ausschließlich von Seiten des formalen Denkens bestimmt hier als kritisches Axiom, welches die Unerkennbarkeit Gottes decken und andre Gottesideen richten soll, verwandt wird, und dem aus der den Schleiermacherschen Deduktionen zu Grunde liegenden realen Weltanschauung weiter als wirkliche Seinsgröße zu bestimmenden absoluten Sein, als dem Grund der Welt, zu machen haben, bleibt die fragliche Ausgleichung beider Seiten der Untersuchung über das Transcendentale dem Verlauf der Detailkritik überlassen.

In formaler Hinsicht existirt das Wissen nur unter der Form des Begriffs und des Urtheils. Von hier aus wäre der transcendentale Grund als Indifferenz zu bestimmen, denn die absolute Einheit erträgt schlechterdings keinen Gegensatz und kann alle Gegensätze nur begründen indem sie sie in der Einheit ihres Wesens aufhebt.¹) Gewissermaßen zur besseren Ueberschauung des gesammten Wissensgebiets, steckt Schleiermacher dem Denken seine Grenzen um nach oben und unten die Identität der gegensätzlichen Formen des Denkens nachzuweisen. Das gleiche Verfahren wird auf der Seite des correspondirenden Seins eingeschlagen. Zunächst entspricht dem Gegensatz des Begriffs und des Urtheils der des Allgemeinen und Besonderen im Sein. Wie nämlich jeder niedere Begriff in einem höheren gründet, so ist das niedere Dasein Erscheinung eines höheren, dieses produktiver Grund oder Kraft zu einer Mehrheit niederer Seinsformen. Wie der eine Begriff ein niederer ist im Vergleich zu einem höheren und so fort alle niedere sind gegenüber dem höchsten Begriff, welcher das Begriffsgebiet begrenzt, so kann jede substantielle Kraft als Erscheinung, jede Erscheinung wieder als Kraft betrachtet werden, bis zur höchsten Kraft,

---
¹) Dial. Beil. C, d.

welche das Gebiet des substantiellen Seins begrenzt. Dem Wissen unter der Form des Urtheils entspricht auf Seiten des Seins das System der gegenseitigen Einwirkung der Dinge. Sofern aber das endliche Sein sowohl aufgeht in dem System von Ursachen und Wirkungen wie in dem der substantiellen Kräfte, so ist es dasselbe Sein, welches der Form des Begriffs und des Urtheils entspricht, wie ja beide Denkformen in ihrem gegenseitigen nothwendigen Bedingtsein durcheinander gleichfalls als im Grunde identisch erkannt werden müssen. Es ist dasselbe Sein, welches das einemal unter der Causalitätskategorie, das andremal in dem System von Kraft und Erscheinung betrachtet wird, und es ist dasselbe Denken welches das einemal den gleichen Gegenstand unter der Begriffsform, wenn er in Ruhe d. h. in seiner Einzelheit gedacht ist, unter der Urtheilsform, wenn er in der Bewegung d. h. in der Gemeinschaft gedacht ist, auffaßt. Demgemäß bewährt sich die allgemeine Einheit des Seins in der Lösbarkeit der Vielheit seiner Formen; die in der absoluten Einheit des Idealen und Realen gegründete Einheit von Denken und Sein, ist in der Einheit der besonderen Denk- und Seinsformen wiedererkannt worden.[1])

Der äußerliche und leere Formalismus dieser Weltauffassung ist in die Augen fallend. Die Anerkenntniß selbstständiger, durch qualitative Seins- und Werthunterschiede in ihrem Fürsichsein bestimmter Größen verhindert die radikale Durchführung des Grunddogmas der Schleiermacher'schen Wissenschaft. Weil das Viele, zunächst wohl nur aus mathematischen Gründen nur in dem Einen begründet sein kann, so ist die Vielheit der Schein, die Einheit das Wesen. Weil die Welteinheit nur in der substantiellen Gleichheit alles Seienden gefunden wird, so gibt es überall keine materialen Differenzen, so kann die durchweg von physischen Kategorien getragene Welterklärung die Einheit der Gegensätze nur in ihrer Auflösung und Vermischung finden, und auch diese Operation ist nur ein Scheinmanöver, denn das Sein ist ja immer und überall dasselbe, es erscheint nur dem Denken als das Viele. Aber der im Anfang aufgenommen empirische Gegensatz von Denken und Sein ist der starre Fels an dem sich die nivellirende Thätigkeit der Dialektik am Ende bricht. Denn mag uns die Dialektik auch noch so oft versichern Denken und Sein seien eins, weil das Denken ja auch Sein sei, die Kehrseite dieses Satzes, daß das äußere Sein ja auch Denken sei, kann sie nicht wider alle Erfahrungswahrheit aussprechen und das Zurückziehen dieses Gegensatzes auf allgemeinere und unbestimmtere, wie Ideales und Reales, Geist und Natur beweist nur wie sie erst mit der Verflüchtigung jenes empirischen Gegensatzes seine Identität construiren kann. An diesem Punkte ist denn auch die Rettung aus dem Materialismus offen gelassen, dem Denken, dem Idealen wird heimlich dennoch ein Vorzug vor dem Sein und Realen zugestanden, und die Verlegung aller Gegensätzlichkeit und Vielheit in die sinnliche Welt, welche später Grund der Vielheit genannt wird, läßt zugleich das Urtheil durchblicken, welches die absolute Einheit von Seiten der Vernunft und im Interesse des Geistigen später bestimmt hat.

---

[1]) Dial. § 138 ff. Philos. Eth pag. 20, 64 und 65. pag. 22, 75 ff. pag. 56. 46. pag. 15, 47 — 57.

Freilich ist an diesem Orte schwankende Unklarheit der Schleiermacher'schen Untersuchung vorzuwerfen, denn die oben angeführten Grundzüge seiner realen Weltanschauung lassen keinen Zweifel in Beziehung auf ihre Consequenzen für die Gottesidee. Mit der Aufgabe aller substantiellen Werthunterschiede im endlichen Sein und namentlich auch der Aufgabe der absoluten Differenz zwischen Geist und Natur, ist auch eine substantielle Scheidung zwischen Gott und Welt unmöglich gemacht. Ist es allein der mathematische Maßstab des quantitativen Ueberragens, welcher das höhere und niedere Sein scheidet, hat man für den Gedanken der Begründung keine andre Erklärung als den der Umschließung des Kleineren durch das Größere, so ist mit mathematischer Evidenz die Identität des Gedankens der Einheit mit dem der Unendlichkeit festgestellt; die Einheit des absoluten Seins ist seine Allgemeinheit. Nach allem Vorangegangen findet das Urtheil die Einheit sei Grund der Vielheit, sein Objekt an dem allgemeinen sich selbst gleichen Sein, dessen Erscheinung die Vielheit, dessen Wesen die Einheit ist. Da nun aber nirgends bis dahin ein Grund vorliegt eine andre als formale Differenz zwischen Einheit und Vielheit zu behaupten, so ist es klar wie der Gedanke einer Begründung der Welt durch Gott aufgeht in dem anderen einer Umschließung alles einzelnen Vielen in dem einen Unendlichen. Oder derselbe Gedanke sinnlicher ausgedrückt: es gibt nur eine Substanz deren Erscheinungsseite die Vielheit, deren intelligibler Charakter die Einheit ist.

Verbietet nun auch die diesen realen Pantheismus deckende Lehre von der Unerkennbarkeit Gottes, Gott einen Namen zu geben, so haben wir doch im Vorangehenden Grund genug gefunden, die Gottesidee nicht sowohl in der von Seiten des formalen Denkens aufgestellten Formel, die nur die Unerkennbarkeit Gottes ausdrücken soll,[1]) allein zu suchen, sondern vielmehr dieselbe aus den erkennbaren Grundzügen der dialektischen Weltanschauung zu erheben. Daß wir nun aber in der obigen Auffassung gewissermaßen, die erste und grundlegende Schichte der dialektischen Welt- und Gottesconstruktion, aufgegraben haben, beweist die Uebereinstimmung mit sämmtlichen der Dialektik vorangehenden kleineren philosophischen Schriften; und namentlich in den Reden ist es deutlich, wie die absolute Einheit ursprünglich rein quantitativ gemessen, das eine, allgemeine unendliche Sein, das Wesen von Allem, zu dem man sich durch Ueberwindung des Vielen und Gegensätzlichen, seiner inadäquaten Erscheinung erhebt, ausdrückt. Diese Einheit ist erkennbar in dem Begriff der Liebe, welchen die vertrauten Briefe über die Lucinde aufstellen: in der Einheit des Geistigen und Sinnlichen wird das Unendliche, das Ewige erfasst. Das Unendliche in dem alles Endliche leben soll, nennen die Reden das Universum, das große, allgemeine Ganze, in dem das endliche Sein zur Unendlichkeit gelangt, indem es die Differenzen überspringt und sich an die Einheit alles Seins, d. h. an das allgemeine Sein im Gegensatz zum besondern hingibt. Es ist aber ein Grundirrthum das Unendliche außer dem Endlichen suchen wollen, es lebt nur in dem Endlichen, als sein wahres, ewiges Wesen. Die Hervorhebung der Individualität in den Monologen, und endlich die Weihnachts-

---

[1]) Dial. pag. 144 Anm.

feier, bezeichnen jedoch bereits einen Fortschritt zur geistigen Auffassung der höchsten Einheit; das besondere Ich in dem sich das allgemeine Ich seine Wirklichkeit gibt, in das jenes aus freier Liebe als in seinen Grund sich selbst zurückgibt, verleihen der Einheit des allgemeinen Seins eine concretere und geistigere Färbung, während es vorher mit der Natur völlig identificirt wurde. Freilich sich darüber hinaus zu einer anderen Scheidung des Endlichen und Unendlichen als der von Wesen und Erscheinung zu erheben, verbietet das Dogma von der absoluten Einheit alles Seins und hieran scheitert, wie wir später sehen werden, der Versuch die absolute Einheit als absoluten Geist zu erkennen und in realer Transcendenz von der Welt zu trennen. Es sind hauptsächlich zwei Punkte, welche im Nachfolgenden unser Interesse in Anspruch nehmen: Die Erkenntniß der Schleiermacher'schen Gottesidee aus der Kritik anderer Gottesvorstellungen und endlich die Durchführung und Begründung der Lehre von der Unerkennbarkeit Gottes. Wir machen sogleich darauf aufmerksam, wie in dem Nachfolgenden, die Gottesidee so wie sie von Seiten des formalen Denkens durch spiritualistische Verdichtung aller Wissenspostulate bestimmt, den Werth einer kritischen Formel nicht übersteigt, fast ausschließlich in Betracht kommen wird.[1])

---

[1]) Anm. Es ist hier am Ort die Frage nach dem Verhältniß des Transcendentalen zu den Grenzen des Denkens und Seins, bekanntlich eine crux interpretum zu erörtern. Schleiermacher erklärt nämlich § 183 die Gottheit entspreche der oberen Begriffsgrenze, während er § 200 das höchste Subjekt mit der höchsten lebendigen Kraft zusammenfallen läßt, von der § 183 gesagt war, sie entspreche nicht dem Gedanken von Gott. Es ist durch die Randbemerkung § 183 klar, daß es das Postulat der Undenkbarkeit ist, welches wohl der Formel des höchsten Subjekts nicht aber der Realität einer höchsten Kraft eignet, und nach dieser Seite zwischen beiden Größen eine Differenz offen läßt, die § 200 wieder ausgeglichen wird. Beide somit als höchste Begriff gegenüber allen untergeordneten, und die höchste Kraft gegenüber aller untergeordneten, bleiben im Gebiet des Gegensatzes. § 181 und 182. Diese Formeln haben zunächst nur schematischen Werth, sie drücken nur die Wechselbegrenzung von Denken u. Sein aus § 201. Erst der Nachweis der vollen Identität der Urtheils- und Begriffs- auf der einen, der Seinsgrenzen auf der andern Seite bezeichnet die Annäherung an das Absolute, das eben nur in dem Maß absolut ist, als es alle Gegensätze gänzlich in sich auflöst. §§ 147 — 167. Insofern aber alle diese Formeln dasselbe Sein und Denken (§ 173 und 174), weil ihre Gegensätzlichkeit keine absolute sondern eine lösbare ist bezeichnen, (§ 167) sind sie als die transcendentalen Wurzeln alles Denkens die Annäherung an das Absolute. Da sie aber um des realen Denkens willen im Gebiet des Gegensatzes verharren, liegt die höchste Einheit, welche alle und also auch die höchsten Gegensätze ausschließt über den Denkgrenzen wie den Seinsgrenzen. Die Schwierigkeit löst sich, wenn wir den äußerlichen Formalismus ins Auge fassen, in dem sich auch diese Bestimmungen vollziehen. Indem nämlich Schleiermacher das Transcendentale als Grenze des Denkens und Seins bezeichnet, gewinnt er durch diesen Ausdruck beides, das Absolute als über den Grenzen gelegen und diese in sich einigend und eben darum als wirklich begrenzend vom Realen zu unterscheiden; anderseits aber sofern der absolute Grund in den Grenzpunkten mit dem zu Begründenden zusammentrifft, seinen Contakt mit dem Realen und also seine Immanenz wenigstens formaliter festzustellen. Dieser je nach Bedarf wendbare dialektische Ausdruck, gestattet es also das Einemal im Interesse der Immanenz das Transcendentale mit den Denk- u. Seinsgrenzen zu identificiren, das Andremal im Interesse der absoluten Transcendenz von ihnen zu unterscheiden.

III. Die Kritik der Dialektik über entgegenstehende Gottes-Vorstellungen.

Zunächst läßt die Dialektik eine Untersuchung über die Construktion der Gottheit als der höchsten Kraft, also über die pantheistische Gottesidee folgen.¹)

Dieselbe kommt auf zwiefache Weise zu Stande. Einmal von Seiten der abstrakten Begriffe durch Aufsteigen in den Gegensätzen. Man sieht das Ideale und Reale als die höchsten Kräfte an und diejenige, von welcher beide ausgehen, als die eine Kraft, über die keine höhere gedacht werden könne. Oder von Seiten der lebendigen Begriffe, durch Aufsteigen in den Gattungen bis zur Einheit der Lebenskraft, durch Coordination des Leblosen zur Einheit des Weltkörpers, durch Coordination der Pluralität dieser zur Einheit der weltbildenden Kraft, in welcher, weil alles Denken in der Natur eingeschlossen ist, auch der Gegensatz von Begriff und Gegenstand aufhören soll.

Allein wie der Begriff nicht in uns ist, als mit dem System seiner untergeordneten zugleich, so würde auch von dieser absoluten Kraft zu sagen sein, sie sei nicht anders, als zugleich mit ihren untergeordneten und durch sie; von jener durch Abstraktion gefundenen sie sei nicht anders als in dem correspondirenden Sein des Idealen und Realen. Beide fallen also ganz unter die Form des höchsten Begriffs, entsprechen also nicht dem über den Begriff erhabenen, außerhalb desselben gelegenen Gedanken des Absoluten, welches nur außerhalb der erscheinenden Kraft liegend gedacht werden kann. Soll die Gottheit jenem begrenzenden Gedanken entsprechen, so darf sie nicht als höchste Gattung gedacht werden.

Die Kritik, welche der Pantheismus hier erfährt, muß uns zunächst auch dann auffallend erscheinen, wenn wir uns eingestünden, Schleiermacher habe ganz vergessen, daß der doppelte Weg der Construktion des Absoluten, den er in der pantheistischen Gottesvorstellung nachgewiesen hat, auch ihm eignet, daß der auf abstraktem Wege festgestellten absoluten Formel, eine Gottesidee gegenüber stehe, die wie wir sahen, zwar nicht begrifflich abzuschließen war, die aber dennoch durch die Art ihres Zustandekommens und durch die substantielle Bestimmung, die wir ihr aus den realen Faktoren die sie in der Welt begründen sollte, zu geben veranlaßt waren, dem pantheistischen Gedanken, wenn auch nicht dem Namen, so doch der Sache nach sehr nahe verwandt erschien. Die Idee der absoluten Einheit war denn doch nicht nur eine aus dogmatischen Gründen gehaltlos zugespitzte kritische Formel, sondern zugleich Ausdruck des als reale Seinsgröße gedachten weltbegründenden absoluten Seins. Dieses aber hatte Schleiermacher früher gleichfalls als Identität des Idealen und Realen nicht etwa nur formaliter bezeichnen, sondern thatsächlich finden wollen.²)

Die obige Kritik dient zum Beleg dafür, daß bei durchgeführter for-

---

¹) Vgl. z. b. Folgenden § 183 ff.
²) Vgl. bes. Dial. § 128 f. die von Jonas pag. 114 und 115 versuchte Lösung dieser Differenz leidet an derselben Allgemeinheit und Unbestimmtheit, die das Verständniß der Schleiermacher'schen Definitionen so sehr erschwert.

maler Trennung der Idee Gottes, wie sie nur Zusammenfassung aller Wissenspostulate, und wie sie, wenn auch nicht adäquate, so doch eine nach andern Seiten hin bestimmt abgegrenzte Bezeichnung eines realen Seins ist, dennoch die erstere Formel aus einer ebenso realen Ausdeutung des empirischen Seins wie aus der Absicht dieses realiter und absolut d. h. also in einer wirklichen Existenz zu begründen, erklärt werden müsse.

Was nämlich Schleiermacher an der Form des Pantheismus, die er beurtheilt vermißt ist, der Charakter gegensatzloser Einheit und wirklicher Absolutheit auf Seiten der festgestellten Gottesidee.

Diese entspricht nämlich dem über den Begriffs- und Seinsgrenzen gelegenen Gedanken von Gott nicht, weil sie ihn als höchste Kraft, oder als höchste Gattung denkt, die sich also zu den niederen ebenso verhält wie etwa die in der Mitte gelegenen zu ihren untergeordneten. Da also die höchste Kraft als abschließendes, höchstes Glied derselben Reihe allem Scienden völlig gleichgestellt wird, ist ihre Bedingtheit durch die niederen Kräfte ebenso real, wie die Bedingtheit dieser durch sie. Gott ist hier also ganz nach Art des gegensätzlichen Seins, nur als das Höchste von diesem gedacht; damit ist aber seine Absolutheit preisgegeben. In wiefern aber? Etwa weil er nicht als absolut geistiges Wesen vor der Befleckung mit dem Materiellen gewahrt ist? Schleiermacher kennt keine qualitative Differenz zwischen Geist und Natur. Oder weil seine Transcendenz an der Unmöglichkeit ihm einen Selbstzweck, ein irgendwie bestimmtes Fürsichsein zuzumessen gescheitert wäre? Noch ferner als eine qualitative Differenz zwischen Absolutem und Endlichem, liegt Schleiermacher der Gedanke eines persönlichen Gottes.

Vielmehr muß die Antwort — und durch sie wird zugleich das Verhältniß zwischen dem Gedanken der Absolutheit und dem der schlechthinigen Einheit deutlicher — nach den Voraussetzungen der Dialektik so lauten: Gott ist in dem Maße von der beurtheilten pantheistischen Formel nicht als absolut anerkannt, als er in der Gegensätzlichkeit stehen geblieben ist, als er nicht als die Einheit von allem Sein, als er — als Einzelwesen gedacht ist. Schleiermacher kennt überhaupt nur einen umfassenden Gegensatz, der Ausdruck der gesammten Weltwirklichkeit ist, den des Idealen und Realen, des Geistes und der Natur. Wie nun aber dieser Gegensatz durch wesentlich physische Kategorien bestimmt und erklärt wird, so kann auch die Identität, welche ihn begründen soll, nur in der substantiellen Gleichheit beider Glieder gefunden werden; und das empirische, das erscheinende Sein offenbart das absolute transcendentale Sein in zwei demgemäß nur formaliter geschiedenen Modis. Bis dahin also können wir nur das eine Resultat feststellen: die Begründung aller Gegensätze vollzieht Schleiermacher durch das dogmatische Urtheil von der wesentlichen Gleichheit alles Seins. Kein andrer Inhalt kann nach den dialektischen Prämissen jener höchsten Idee der absoluten Einheit zugemessen werden. Diese Erklärung des dialektischen Einheitsgedankens wird aber weiter dadurch bestätigt, daß überall als das Objekt der Urtheile über die höchste Einheit nur die empirische Weltwirklichkeit gedacht werden kann. Ihre Gegensätzlichkeit soll einheitlich begründet werden; dies geschieht durch das Urtheil: alles Sein ist dem Wesen nach dasselbe, es erscheint nur als das Viele. Um ihretwillen und für sie wird eine absolute Einheit gesucht, nicht etwa außer ihr, sondern in ihr; denn es ist der Nachweis der Relativität aller Gegensätze im endlichen Sein, welches dieses selbst und kein andres Sein als dem Wesen nach identisch erklärt. Wenn wir also die anfangs gefundene Grundformel, welche mit der Einheit von Denken und Sein alle Gegensätzlichkeit begründen sollte, in dem Satz fanden: alles ist Sein und als solches identisch, so müssen wir diese Formel ins Reale übersetzt, so ausdrücken: dieselbe Substanz liegt allem Seienden zu Grunde; wobei es freilich ganz räthselhaft bleibt warum diese Substanz ihr Wesen verleugnend in eine ihr widersprechende Erscheinung eintritt. Es ist also dasselbe Motiv, welches die Kantische Unterscheidung von transcendental und transcendent preisgibt, und welches sein absolutes Einheitsbedürfniß mit Preisgabe aller substantiellen Differenzen, so des Geistes und der Natur, wie Gottes und der Welt durchführt.

Denn nur so kann der Gedanke von der Einheit alles Seins mit der begründenden Absolutheit mit Hülfe der einmal aufgenommen Kategorien verbunden werden. Und nur so kann jene pantheistische Formel thatsächlich widerlegt werden. Denn gibt es überhaupt nur eine identisch allem Seienden zu Grund liegende Substanz, ist alles Sein wesentlich eines, so ist klar wie eben hiermit seine Absolutheit in dem Maße erreicht ist, als es zu keiner selbstständigen, gegenüberstehenden Realität, sondern nur zu seiner Erscheinung in einen freilich unbegriffenen aber doch nur relativen und formalen Gegensatz tritt. Denn die Erscheinung bedingt nicht ihr Wesen das sie begründend emanirt. So fällt also hier der Gedanke einer Begründung des Endlichen im Absoluten zusammen mit dem Urtheil, daß alles Sein dem Wesen nach dasselbe oder eines sei.

Gott darf also nie nach Art der angegriffenen Formel als Einzelwesen, er muß stets als Allwesen gedacht werden; seine Einheit ist seine Absolutheit, seine Einheit ist aber nicht die Einheit einer für sich seienden Existenz, seine Einheit ist das gleichseiende Wesen aller Dinge. Darum ist nun auch das pantheistische Denken Gottes nach Art der vorliegenden Formel nicht transcendental, denn sie denkt Gott im Gegensatz, sie denkt ihn als bedingtes Einzelwesen, sie denkt ihn mit einem Denken das selbst ein gegensätzliches ist, die Einheit kann aber als solche nie mit dem gegensätzlichen Denken erfaßt werden.

Während also die pantheistische These lautet: Alles ist Gott weil die höchste Kraft oder Gattung, die Gott ist, nur in ihren untergeordneten und mit ihnen zugleich lebt; lautet die Schleiermachersche: Gott ist das All, sofern und weil dieses seinem Wesen, seiner Substanz nach nur eines ist, und nur in dieser Einheit wahre Existenz besitzt. Damit bleibt freilich die Erscheinungswelt ebenso unerklärt gegenüber ihrem Wesen als für dieses überall keine Wirklichkeit nachgewiesen werden kann als in der Erscheinungswelt.[1])

Es ist also gewiß, Schleiermacher hat durch seine Kritik des Pantheismus nicht etwa die frühere Construktion der höchsten Identität, ungültig erklären wollen, — damit wäre die Tendenz und Methode des transcendentalen Theils der Dialektik, sowie ihre realen Grundanschauungen

---

[1]) Vgl. auch Dial. Beil. D, 43.

völlig preisgegeben, — er hat vielmehr den Nachweis geliefert wie die beurtheilte pantheistische Identität keine wahre Identität ist, weil sie Gott im Gegensatz denkt, und keine Absolutheit besitzt, weil sie ihn als Einzelwesen denkt. Nicht also den Pantheismus überhaupt, nur eine abgegrenzte Form desselben hat Schleiermacher widerlegt; allein was er formaliter hier abweist, das ist der Sache nach bei ihm stehen geblieben und die gesammte nachfolgende Kritik sowohl der pantheistischen Gottesidee wie andrer, erklärt sich in ihrer Sicherheit und Kühnheit daraus, daß Schleiermacher sich nun vorzugsweise auf jene resultirende Formel der absoluten Einheit stützt, deren Gehalt wir oben nachwiesen zu haben glauben, die aber hier fast nur als kritisches Postulat verwandt wird.¹)

Wie der oberen Begriffsgrenze, die höchste Kraft, der ungenügende Ausdruck der Gottesidee bei Spinoza, entspreche, so entspreche der unteren Begriffsgrenze auf Seiten des Seins die Vorstellung der absoluten Materie, mit der es sich nicht verhalte, wie mit jener höchsten Kraft, denn sie erscheine nicht mehr, sondern sei Grund aller Erscheinung.

Dieser Vorstellung von der Materie, soll nun nach Schleiermacher

---

¹) Anm. Es ist außer allem Zweifel, daß von der Anerkenntniß dieser Zweiseitigkeit der dialektischen Gotteslehre ihr Verständniß bedingt ist. Alle Differenzen in der Auffassung der Gottesidee Schleiermachers erklären sich daraus, daß man entweder sich auf die formalen Aussagen, welche die Spitzen der Gottesconstruktion bezeichnen beschränkt, oder aber blos die grundlegende außer allem Zweifel pantheistisch bedingte Weltanschauung berücksichtigt. Beides ist ungenügend, denn jene Idee der absoluten Einheit hat wie ihre Genesis und Ausdeutung beweist eine reale Basis in der Weltanschauung Schleiermachers. Andrerseits übersieht man die in ihr gelegene und namentlich später durch Betonung des Geistigen als des Werthvolleren stärker hervortretende Tendenz auf den Theismus, freilich im weitesten Sinn des Wortes, wenn man nur aus dem Grundgedanken der philosophischen Weltbetrachtung Schleiermachers seine Gottesidee selbstständig erheben will. Letztere Tendenz ist nun wie schon früher, so auch hier wieder in dem Satz, welcher die pantheistische Gottesidee als abstrakte Formel, und darum „weil sie nur in dem correspondirenden Sein des Idealen und Realen gedacht werden könne" verurtheilt, bemerkbar.

Jedenfalls ist es als Unwissenheit und Ungerechtigkeit zu bezeichnen, wenn man Schleiermacher vorwirft, er habe die Lehre von der Unerkennbarkeit Gottes nur erfunden, um seinen Pantheismus zu verhüllen und ebenso seine Kritik dieser Weltanschauung nur aus dem Bedürfniß, den Verdacht des Pantheismus von sich abzuwenden erklären will. So sehr man die Werthlosigkeit der formalistischen und oberflächlichen Weltanschauung verurtheilen muß, welche der Einheitstendenz des philosophischen Geistes die nüchterne Erkenntniß der Wirklichkeit opfert, so muß man doch anerkennen wie der philosophische Formalismus an dem die gesammte gleichzeitige Philosophie leidet, auch Schleiermacher beeinflußte, wie es ihm persönlichstes Bedürfniß und also auch persönlichste Wahrheit war den Werth der Wissenschaft ausschließlich nach der herzustellenden systematischen Einheit zu bemessen, deren Auffassung gleichfalls nach den wissenschaftlichen Prämissen und nach dem philosophischen Bildungsgang Schleiermachers nur eine pantheistisch bedingte sein konnte.

Man würde also der Wahrheit und somit einer endgültigen Lösung dieser so gehässig und so sinnlos hin- und hergeworfenen Frage nach dem Schleiermacher'schen Pantheismus näher kommen, wenn man mit der genauen Kenntniß seiner Wissenschaft, seinen individuellen Bildungsgang mehr in Rechnung zöge, und somit den unläugbar pantheistischen Charakter sein Philosophie richtig als wissenschaftliche Verirrung beurtheilte, und die Frage nicht auf ein Gebiet verlegte auf dem sie überhaupt nie entschieden werden kann, nämlich das persönliche.

die gewöhnliche Vorstellung von Gott entsprechen, die auch behaupte nicht in der Reihe von Kraft und Erscheinung zu liegen.[1]

Allein das ens summum sei dem Inhalt nach nichts anders als jene absolute Materie. — Man sieht nämlich die Gottheit als allem andern Gegebenen gleichartig an, nur als das Höchste in seiner Art. Die Welt aber wird nicht als die Erscheinung, sondern als das Werk Gottes betrachtet. Allein diese Vorstellung erkläre die Welt nicht.

Man sagt weiter die Gottheit gestalte die Welt. Aber unter der Materie wird überall nur die Raumerfüllung, das dingliche Sein verstanden. Dieser einseitigen Vorstellung von der Materie correspondirend, müßte also noch eine Zeiterfüllung angenommen werden, durch die das Bewußtsein entstände, wenn dieses nicht aus dem Dinglichen abgeleitet werden soll. Gesetzt aber auch der Begriff der Materie umschlösse hier beides, das Ideale und das Reale und Gott bilde aus ihr die Welt, so ist doch die Gottheit hier wieder nicht absolute Einheit, weil immer durch die Materie bedingt.

Ebenso ungenügend ist die s. g. aristotelische Vorstellung, wonach Gott als die aus der Materie sich bildende Welt betrachtend anzusehen sei. Hierin liege ein vollständiger Dualismus, indem in Gott nur das Ideale gesetzt werde, in der Materie aber keineswegs wie in der vorigen Ansicht blos das noch nicht Seiende, sondern realiter das ganze System des Seins.

Eine dritte Ansicht läßt Gott die Welt aus Nichts schaffen, wobei vorausgesetzt wird, daß die erste Stufe des Seins die chaotische Materie gewesen sei; allein so gedacht ist die Gottheit nichts anderes, als die schrankenlose Einheit der Kraft, deren Totalerscheinung, deren Offenbarung die Welt ist. Denn die Kraft producirt die Erscheinung, und das Denken Gottes wäre dann nichts anderes als das physische u. ethische Denken auch, durchaus aber kein transcendentales. Die Vorstellung also, mit der man die Spinozaische widerlegen wollte, ist eigentlich nur diese selbst.

Diese Kritik muß uns zunächst für unsere Aufgabe bemerkenswerth sein, weil sie deutlicher als es vorher geschehen war, die Tendenz der Dialektik den realen Pantheismus, den wir als Fundament der anfänglichen Construktion der Gottesidee nachgewiesen haben, zu durchbrechen verräth und diese Absicht, wenn auch wegen der einmal aufgestellten Weltanschauung so gut, wie wegen des durchgeführten formalistisch bestimmten Einheitsgedankens als Wissenschaftsprincips, zwar nicht völlig durchführen kann, aber doch deutlich genug ihre Ausführung als wissenschaftliche Nothwendigkeit erkennen läßt, und somit ihre eigne Unfähigkeit durch eine anerkannte aber unerreichte Aufgabe blos stellt.

Wir kommen später auf den Mißverstand, welcher die pantheistische Gottesidee der theistischen gleichstellt zurück. Hier interessiren uns für die Erkenntniß der Schleiermacher'schen Gotteslehre nur die Gründe, welche zur Verurtheilung dieser verschiedenen Gottesvorstellungen herbeigezogen werden.

Dieselben Gründe, welche wir früher gegen Schleiermachers Gottesidee, sofern dieselbe der Ausdruck des absoluten Seins in seiner Thatsäch-

---

[1] Vgl. bes. Dial. § 186, die Anmerkungen. Beil. C. XLII. D, 43.

lichkeit sein sollte geltend machten, finden wir nämlich auffallenderweise hier von ihm gegen den Theismus, wie früher gegen den Pantheismus ins Feld geführt. Das Absolute werde nämlich hier wie dort „als in derselben Reihe mit allem weltlichen Sein liegend", „als höchstes Sein" oder „als höchste Kraft" gedacht und ihm somit kein andrer „Inhalt" zuerkannt, als der in der erscheinenden Materie gegebene. Hier tritt also wieder der Vorwurf auf, daß das Absolute nicht in der Einheit, sondern im Gegensatz gedacht sei; aber diese Einheit wird nicht mehr ohne Weiteres mit der Allgemeinheit des Seins identificirt, sie ist als eine qualitativ vom wirklichen Sein, irgendwie zu unterscheidende reale Größe angedeutet, der ein höherer Werth zuzumessen sei, als der Materie. Ferner wird die Absolutheit der höchsten Einheit nicht sowohl in ihrer allumfassenden Unendlichkeit und durch Herabsetzung der Wirklichkeit zu einer in sich unselbstständigen Erscheinung bestimmt, sondern aus dem Gedanken einer nothwendigen und realen Begründung alles Endlichen im Absoluten abgeleitet. Die Nothwendigkeit einer realen Begründung des empirischen Seins im absoluten, fordert nun auch, daß die absolute Identität, deren Repräsentanten die Gottesidee wie die Materie, die eine von Seiten der intellektuellen, die andere von Seiten der organischen Funktion ausschließlich bestimmt wurden, nicht sowohl als Zusammenfassung aller Weltgegensätze gedacht, sondern als wirklich ursprüngliche Identität erkannt werde. Die Vereinigung beider Ideen der schlechthinigen Einheit und transcendentalen Absolutheit ist nicht durch die natura naturans erreicht, „weil sie nicht transcendent genug ist," in allen andern Constructionen aber die Dupplicität von Gott und Materie stehen bleibt.¹)

Diese Gedankenreihe, welche um der realen Begründung des Endlichen willen, für das Absolute eine ursprüngliche relativ selbstständige Existenz zu fordern scheint, wird nun besonders durch die philosophische Ethik, welche die Vernunft als Aktivität der passiven Materie, als ihrem Organ und Symbol entschieden überordnet, dahin weiter bestimmt, daß die höchste Einheit, das Absolute selbst, wesentlich als Vernunft gedacht wird, freilich als eine Vernunft, die den Gegensatz zur Natur in sich zurückgenommen hat.²)

Liegt diese Absicht das Absolute als wahrhaft transcendent und zugleich als wahrhaft begründend zu denken unverkennbar jenen Erörterungen, sowie der obigen Kritik zu Grunde, so scheitert doch ihre Durchführung an dem physisch bedingten und sein Genesis nie verläugnenden Gedanken der absoluten gegensatzlosen Einheit. Denn diese wird überall nur als Grund der gegensätzlichen Welt gedacht, sofern sie alle Gegensätze eben in ihr gegensatzloses Sein zurückgenommen hat; und es wäre somit doch wieder die wie immer vergeistigte identische Weltsubstanz, welche den Inhalt des Absoluten bildete, wäre dasselbe durch ihren einheitlichen Inhalt, der doch nichts anderes bezeichnet, als dasselbe Sein, das in der Welt in Form der Gegensätzlichkeit erscheint, in der Form der Einheit. Das ist nun auch gar nicht anders zu erwarten von einer Weltbetrachtung, die es nirgends zur Anerkennung relativer und für sich seiender Selbstzwecke, selbstständiger qualitativ geschiedener Seinsgrößen bringt, sondern ihren dogmatischen

---

¹) Phil. Sci. § 184—189. pag. 417. 471.73.
²) Philos. Eth. vgl. bes. pag. 91, 50 f. pag. 2 51, 63

Grundgedanken, in der Auflösung aller Gegensätze, in der Identification alles Seienden durchführt.

Dieser unausgeglichne Zwiespalt zwischen Tendenz und Ausführung erklärt das Schwanken und die Nebelhaftigkeit der dialektischen Bestimmungen über das Transcendentale an diesem Ort; er erklärt aber auch, wie Schleiermacher sich von der Bestimmung des Absoluten als realer Existenz, auf die Behauptung zurückziehen konnte, nur das absolute Wissen vermeide die Verendlichung Gottes. Das Postulat der absoluten Einheit in der Schleiermacher'schen Auffassung ist nirgends als verwirklicht nachweisbar, seine Realität scheitert ebenso sehr an der durchaus formalistischen Bestimmung der Einheit, wie an dem Gegensatz des Idealen und Realen den es unbegründet läßt. Somit bleibt Schleiermacher bei seiner einmal festgestellten Formel stehen, die dann freilich den Werth eines wissenschaftlichen Postulats nicht übersteigt, geschweige denn, daß sie Ausdruck eines wirklichen Seins wäre.¹)

Wir stehen also hier wieder vor einem Dilemma der Schleiermacher'schen Philosophie: in dem Maße als die Idee der absoluten Begründung des Endlichen hervortritt wird das absolute Sein „als realiter in der Seinsgrenze mit dem Endlichen zusammenstoßend", als eine selbstständige absolute Existenz mehr angedeutet, als klar bestimmt; in dem Maße als der Gedanke der Identität des Idealen und Realen wegen der empirisch unausgleichbaren Differenz von Denken und Sein, von Geist und Natur, seine physische Färbung abstreift und zu Gunsten des Geistigen als des höheren und werthvolleren Seins bestimmt erscheint, wird aber an Stelle des einen allgemeinen Seins, das Sein dessen Wesen die Einheit ist, als Urgrund über die transcendentalen Gedanken von Vernunft und Natur, Einheit und Vielheit, wie sie nur in der Welt Wirklichkeit haben und insofern einer höchsten Begründung bedürftig erscheinen, gestellt und gleichfalls überwiegend unter der Kategorie des Geistes gedacht.

Allein an der Unmöglichkeit des Nachweises der realen Begründung des Endlichen im Absoluten, sowie an der einmal festgestellten und in ihrer Genesis durch einen dem Physischen unterlegnen Formalismus verkümmerten Einheitsidee, scheitert die Durchführung jener nur als Tendenz ausgesprochenen Gedanken, und die pantheistische Basis der Welt- und Gottesconstruktion bleibt unerschüttert stehn, während sich Schleiermacher auf den Nachweis der Unerkennbarkeit Gottes und der Unmöglichkeit einer Ableitung des Endlichen aus dem Absoluten zurückzieht. Das Postulat der absoluten Einheit als weltbegründender transcendenter Größe, verdichtet sich demgemäß zu einer abstrakten Formel, die als kritisches Axiom, den Unwerth aller aufgestellten Gottesideen darthun soll, und an Stelle der Erkenntniß des Absoluten die Einsicht, daß es nie adäquat erkannt wird setzt.²)

Anm. Das Schwanken der Dialektik an diesem Ort ist gar nicht als Vermittlungstrieb zweier unausgleichbaren Weltanschauungen zu beurtheilen, sondern als die nothwendige Folge der Differenz zwischen der in ihren Grundzügen durchaus pantheistisch bestimmten realen Weltconstruktion und der allmählich namentlich gegenüber der Idee der Materie und der Nothwendigkeit einer realen Begründung der Welt in Welt hervortretenden Tendenz Gott als das ursprüngliche und also begründende Sein allem abgeleiteten gegenüber festzustellen.

¹) Dial. § 181, 4. 188, 1. ²) Dial. pag. 144 Anm.

Daß aber die Dialektik durchaus nicht gesonnen ist, die reale Basis ihrer Weltanschauung die wir oben zu erkennen meinten, zu verläugnen, da sie dieselbe doch offenbar nicht durchbrochen hat, erhellt unter Anderm auch daraus, daß Schleiermacher bei Erörterung der Frage nach der Erkennbarkeit Gottes, die Möglichkeit einer solchen an die Aufgabe die Totalität des Seins sich vorzustellen knüpft. Auf positive Weise können wir das Absolute nicht haben ohne das Endliche. Könnten wir nämlich eine Vorstellung haben vom Ursein, vom höchsten Wesen, so müßte diese in eines der zwei möglichen Wissensgebiete, entweder also in das empirische, oder aber das spekulative fallen, was doch durchaus unmöglich ist. Es wäre also eine Durchdringung beider Formen des Wissens, die in Begriff und Urtheil repräsentirt sind zu fordern, bevor man das Absolute finden könnte. Demgemäß erübrigt nur zu sagen: so gewiß wir die Idee des Wissens nicht aufgeben können, so gewiß müssen wir auch dieses Ursein, in welchem der Gegensatz von Begriff und Gegenstand aufhört überall voraussetzen, ohne doch ein wirkliches Denken desselben zu haben.²)

Durch diese Sätze werden wir am Ende der Untersuchung über das Wissen in Ansehung seiner transcendentalen Begründung auf die anfänglichen Ausgangspunkte zurückgewiesen. Denn die Behauptung, daß das Absolute nur zugleich mit der Totalität alles Seins erkannt werde, daß beide Gott und Welt durch die Identität des empirischen und spekulativen Denkens erreicht werden können, (§ 209) ist nur verständlich unter Voraussetzung der behaupteten Identität, wie des empirischen, d. h. auf die erscheinende Wirklichkeit, und des spekulativen, d. h. auf deren absoluten Grund gerichteten Denkens, so des realen Seins mit dem absoluten in sachlicher Hinsicht. Denn es ist dasselbe die Totalität des Seins nicht erkennen und das Absolute nicht erkennen. Und die Consequenz der Behauptung, daß wir das Absolute auf positive Weise nur zugleich mit dem Endlichen haben, ist die Ansicht, daß jenes in diesem überhaupt nur seine Wirklichkeit besitze. Wie überall das formale Denken es ist, welches auch wieder nur formale Differenzen im Sein erkennt, wie dieses selbige Denken seine Differenz mit dem äußeren Sein als eine blos formelle feststellen muß, so beweist auch der durch das Denken angetretene Beweis der Relativität aller Gegensätze, daß der Grundgedanke dieser Weltanschauung kein andrer ist, als der von der absoluten Identität alles Seienden, welche hinter der erscheinenden Gegensätzlichkeit überall als deren wahres Wesen — und in diesem Sinne als ihr Grund — aufgesucht werden muß.

Ist nun aber die Entstehung der Idee der absoluten Einheit als Wissenspostulat zugleich mit dem Nachweis der Begründung alles Endlichen in einem einheitlichen Ursein, sowie sie aus dem Gedanken der genuinen Verwandtschaft, ja Gleichheit alles wirklichen Seins nachweisbar ist, die unumstößliche Bürgschaft für die oben behauptete Ableitung des Gedankens der Absolutheit aus dem der wesenhaften allgemeinen Einheit alles Seienden, so bleibt doch bei der sachlichen oder realen Identität von Gott und Welt — beide sind als Sein dieselbe Substanz nur in verschiedener Exi-

---

²) Dial. § 209 und 210 Philos. Eth. pag. 10, 29 33.

stenzform — ihre formelle Differenz unangetastet. Die Welt ist im Gebiet des Gegensatzes, Gott ist absolute Einheit; die Welt wird durch das gegensätzliche Denken erkannt, Gottes Erkenntniß fordert die Identität der verschiedenen Denkformen und zwar in der Einheit mit den auszudrückenden Seinsformen; beide Gedanken sind transcendentale Principien alles Denkens und alles Seins, beide bleiben für uns nothwendig getrennt, die Einheit kann nie als Vielheit, diese nie als Einheit gedacht werden. Wo bleibt aber dann die geforderte absolute Einheit? Wir wiederholen die anfängliche Antwort der Dialektik: Das Sein ist die Einheit von Allem, Alles ist als Sein identisch, es gibt im Grunde nur ein identisches Sein, — warum es uns als vieles, als verschiedenes erscheine bleibt das ungelöste Welträthsel; auf die Ableitung des Vielen aus dem Einen, der Welt aus Gott müssen wir verzichten; wir denken sie verschieden, glauben sie als eines, verstehen ihr Verhältniß als das der Außenseite zur Innenseite, und fragen nicht warum „das Sein" nicht blos Wesen, sondern auch Erscheinung ist.

Es ist wieder nur der empirisch aufgegriffene Gegensatz von Denken und Sein, es ist der gegensätzliche Charakter des Denkens, welcher eine empirische Differenz zwischen Gott und Welt stehen läßt, allein das absolute Wissen, „welches allein die Verendlichung Gottes vermeidet," ist der Sache nach nichts anderes als die formulirte Erklärung, daß die Differenz keine absolute sei. Das gegensätzliche Denken hat kein Recht Gott und Welt zu identificiren; aber die Kehrseite des Gedankens, daß die Welt nur in Gott wahre Existenz habe, ist der Satz, daß Gott nur in der Welt Wirklichkeit habe. Das Ursein, welches die Welt begründen soll, fällt zusammen mit dem Gedanken von dem wahren Wesen, von der Vollendung der Welt, denn die Identität am Anfang und am Ende der Welt ist überall realiter und als Identität des gegensätzlichen Seins der Welt zu verstehen. Wir kommen somit überall nicht über eine andre Verhältnißbestimmung zwischen Gott und Welt hinaus, als über die des Wesens zur Erscheinung. Verbietet uns also die Dialektik Gott zu erkennen wie er ist, so kann sie uns doch nicht verbieten zu erkennen wie sie zu ihrer Gottesidee gelangt sei und wie sie Gott nach den Prämissen ihrer realen Weltanschauung vorstellen müsse. Wenn es aber außer Zweifel ist, daß die Wissensidee, die am Anfang als Voraussetzung und Bedingung alles Erkennens aufgestellt wurde, nichts anderes ist als die spiritualistische Verdichtung der Postulate, welche das Absolute kennzeichnen, diese Postulate aber überall der Anschauung der empirischen Wirklichkeit entnommen, aus ihr verstanden und auf sie bezogen werden müssen, so haben wir, wie oben dargethan, in ihrer Genesis das Verständniß ihres realen Werthes. Trotz der an verschiedenen Orten nachgewiesenen Tendenz den realen grundlegenden Pantheismus zu durchbrechen, scheitert dieser Versuch an dem von vorn herein physisch bestimmten und überall nur auf die empirische Wirklichkeit angewandten Einheitsgedanken. Seine Auffassung und radikale Durchführung hindert gleich anfangs die reale Erkenntniß der Gegensätze im Sein, veranlaßt die formalistisch-nivellirende Methode, welche den absoluten Einheitscharakter alles Seins durch Auflösung der oberflächlich bestimmten gegensätzlichen Formen desselben nachzuweisen bestrebt ist, und beweist endlich durch seine Unfähigkeit den Gegensatz von Geist und Natur zu begreifen, seine Untauglichkeit wie zur Erklärung der empirischen Wirklichkeit, so zur Erkenntniß eines weltbegründenden transcendenten Gottes. Denn die absolute Einheit, welche die gegensätzliche Wirklichkeit begründen soll, ist überall nicht als Einheit einer für sich seienden transcendenten Existenz, sondern durchweg als transcendentale Einheit der Welt aufgefaßt.[1]

Wir kommen noch einmal auf die Kritik, welche der Theismus in der Dialektik erfahren hat zurück. Daß derselbe ohne Weiteres mit dem Pantheismus zusammengeworfen wird, erklärt sich wie schon früher deutlich war, aus dem apriorischen und durchaus formalistisch bestimmten Grundgedanken, daß Alles Eines und die Einheit von Allem Gott sei und daß also Gott als Alleinheit nicht als Einzelwesen gedacht werden dürfe. Wir haben bereits bemerkt wie diese großartige und nur aus der damaligen philosophischen Zeitströmung erklärbare wissenschaftliche Verirrung ebensosehr aus dem oberflächlich und einseitig aufgefaßten Trieb nach Einheit der Erkenntniß, wie aus der unmittelbaren, aesthetisch bestimmten Ueberzeugung,

---

[1] Anm. Der Grundgedanke der Dialektik liegt in ihrer Tendenz und Methode klar zu Tage. Gott muß als absolute Einheit gedacht werden, weil er alle Gegensätze in sich begründen soll. Diese Gegensätze liegen nicht etwa in ihm, sondern in der Welt, überall wird die höchste Einheit nur zur Begründung der Weltgegensätze postulirt und angewandt. Der Gedanke der Einheit ist also nicht Aussage über das Wesen oder die Existenzform Gottes, sofern derselbe der Welt als ein irgendwie bestimmtes Fürsichsein gegenüber stünde, er hat nicht zu seinem Objekt eine absolute Existenz deren Charakter als Einheit beschrieben werden soll, sondern sein reales Objekt ist die zu begründende Gegensätzlichkeit, die Welt. Denn wie das Bedürfniß einheitlicher Weltbegründung die Gottesidee veranlaßt, so wird deren Wahrheit durch Auflösung, deren Wesen durch absolute Mischung aller Gegensätze erwiesen. Die Absolutheit Gottes ist also auch nicht als schlechthin schöpferische Freiheit, sondern als allumfassende Wesenhaftigkeit alles Existirenden zu verstehen. Gott ist das Sein als Wesen gedacht und insofern unerkennbar, die Welt ist das Sein als Erscheinung gedacht und insofern erkennbar (wenn auch nur im unendlichen Progreß vgl. U.). Das Urtheil: Gott ist Einheit ist als ein analytisches zu verstehen und identisch mit dem andern: Das Sein ist eines dem Wesen nach. Das Wesen der Dinge wird aber nur in der Erscheinung erkannt; folglich haben die Gedanken der Absolutheit und Transcendenz Gottes keine andre reale Stütze als die Unerkennbarkeit Gottes.

Sind also Gott und Welt als transcendentale Gedanken (Einheit und Vielheit, Wesen und Erscheinung) verschieden, so beziehen sich beide doch auf dasselbe Sein und sind als Sein identisch. Freilich wird das erscheinende Sein dem transcendentalen gegenüber als abgeleitetes, als endliches gedacht und somit dem Wesen der Vorzug der Begründung zuerkannt. Allein die Begründung der Welt in Gott unterscheidet sich doch von der Begründung der Eigenschaften irgend eines Dinges in seiner Natur nur durch die Universalität und Allgemeinheit des Verhältnisses.

Haben wir nun auch oben anerkannt wie Schleiermacher an dem empirisch aufgenommenen Gegensatz von Denken und Sein, von Geist und Natur selbst die Unhaltbarkeit seines Grundgedankens fühlt, so gibt es doch keinen schlagenderen Beweis für unsre Auffassung seiner Gottes- und Weltconstruktion, als daß dieser überall aus dem Urtheil der schlechthinigen qualitativen Gleichheit alles Seienden abgeleitet erscheint. Wie die Welteinheit formaliter durch formelle Auflösung aller Gegensätze als logischer Kategorien constituirt wird, so daß nur noch die Idee der Einheit als leeres Resultat eines leeren Rechenexempels zurückbleibt, so wird sie realiter durch schlechthinige Vermischung aller Gegensätze als qualitative Identität alles Seienden vorgestellt.

welche die Einheit der Welt als Gleichheit ihrer Bestandtheile fühlt, hervorgegangen ist.

Wir könnten uns hier darauf berufen, daß Schleiermacher anderwärts den Theismus aus der Bewußtseinsvergötterung erklärt, was schon wenig mit Spinoza stimmen würde.¹) Indessen ist der Theismus überhaupt gar nicht mit dem Spinozismus vergleichbar. Einmal was die Genesis jener Vorstellung angeht, hat sie ihre Wurzel in der religiösen Erfahrung, welche zur Erklärung ihres eignen Gehalts eines persönlichen Gottes bedarf, da die Wirkungen, welche der Mensch als die religiösen auf eine außerweltliche Causalität zurückzuführen genötigt ist, diese nur in Form der Persönlichkeit zu denken gestatten. Der Spinozismus hingegen ist Produkt der Spekulation, beruhend auf dem mißdeuteten, durchaus aesthetisch bestimmten Einheitsbedürfniß. Andrerseits gründet jene Gottesidee, welche einem persönlichen Weltschöpfer mit der Absolutheit zugleich den realen Zusammenhang mit der Welt sichern möchte, in der das religiöse Gebiet des Seelenlebens überschreitenden allgemeinen und unumgänglichen Erfahrung einer teleologischen Weltordnung, welche bis dahin ihre sachgemäßeste Erklärung gleichfalls nur in der theistischen Gottesidee gefunden hat. Während in der letzteren zugleich mit der Wahrung aller qualitativen Unterschiede und der relativen Selbstständigkeit der Seinsgrößen, deren Einheit durch Ausgangs- und Zielpunkt alles Weltlebens verbürgt ist, findet der Pantheismus die letztere nur durch Aufopferung der gegebenen Differenzen, der Werthunterschiede und des relativen Selbstzwecks der Dinge, in einer chemischen Vermischung des Geistigen und Physischen, deren Abstraktion das eine Sein ist, welches das gegensätzliche emanirt. Die Stärke der theistischen Gottesidee liegt eben vor Allem darin, daß sie auf rein anthropologischem Wege gewonnen, in der religiösen Erfahrung selbst das Material zu einer qualitativen Bestimmung des Gotteswesens nicht minder, als die Ermöglichung von realen Aussagen über die Existenzform des höchsten Wesens findet. Von hier aus wird Gott als absolut werthvoller und schöpferischer Wille, der alle zu realisirenden Zwecke seinem eignen Wesen, also der Wirklichkeit des sittlichen Ideals entnimmt, eine Absolutheit gesichert, wie sie der Pantheismus nie erreicht, weil ihm hierzu die ethischen Bedingungen ganz abgehen. Von hier aus ergibt sich vor Allem die Nothwendigkeit Gott als absolut geistiges Sein zu begreifen, da es bereits mit unserm Bewußtsein gegeben ist, dem Geist im Vergleich mit dem Physischen absoluten und ewigen Werth und somit in ihm selbst den vollkommen ausreichenden und darum in ihm selbst allein gelegenen Grund zur Existenz zu finden. Freilich wird hierdurch der Gegensatz des Geistigen und Physischen in einem andern als dem Schleiermacherschen Sinn zum bloßen Weltgegensatz herabgedrückt, dessen Aufhebung also, auch nicht eine bis zur Ununtschiedlichkeit jedes Glieds fortgeführte absolute Mischung beider, vielmehr nur die Auflösung des einen, dem in seiner empirischen Vergänglichkeit nur ein formeller Werth, aber nirgends ein selbstständiger Zweck zuerkannt wird, bedeuten könnte. Und zwar mit vollem Recht, wenn man die Thatsachen des äußeren und innern Bewußt-

---

¹) Vgl. Schleiermacher an Jacobi. Gesammelte Briefe B. II. p. 341 ff.

seins nicht überschreiten will, um beide für uns schlechterdings unvergleichbare Größen, sei es nun durch eine in ihrer formalistischen Methode verurtheilte Construktion, sei es in der realen jener zu Grund liegenden Vorstellung einer doch immer nur nach Art des Physischen bestimmten und geglaubten wesentlichen Identität des Geistigen und Physischen, ungeschickt genug zu einigen.

Und nichts Anderes als der Ausdruck der Unmöglichkeit dem dinglichen Sein einen selbstständigen, dem geistigen coordinirten Werth zuzusprechen und das absolute Recht der Existenz, welches nur dem Geist, der durch seinen absolut werthvollen Gehalt Selbstzweck ist, zugestanden werden kann, ist die Vorstellung von der Weltschöpfung aus Nichts, in welcher zugleich die völlige Unerklärbarkeit der Entstehung des Physischen aus dem Geistigen anerkannt ist; eine physische Ableitung des einen aus dem andern in dem Maß verboten erscheint, als jeder derartige Versuch an der Voraussetzung der wesentlichen Differenz beider scheitern muß.

Deßhalb ist auch das Absolute hier allein wahrhaft absolut gedacht, denn die Absolutheit wird nicht auf dem Wege der Entendlichung des Endlichen, durch Aufhebung seiner Differenzen und den indirekten Beweis seiner wesentlichen Gleichheit, die seine Absolutheit der Sache nach ausmacht, erreicht, vielmehr wird sie auf dem Wege des Schlußes von der Wirkung auf die Ursache, als der absolutfreie schöpferische Wille, eines alle Vollkommenheit verwirklicht in sich tragenden Wesens durchaus geistig bestimmt. Wird nun weiter diese vor allem dem Wesen anhaftende absolute Differenz von Gott und Welt, dadurch gewissermaßen versinnlicht, daß Gott außerhalb der Welt und vor ihr als reale fürsichseiende Existenz lebe, so ist gegen diese Veranschaulichung jenes in dem qualitativen Wesen beider Existenzen sicher und realiter bestimmten Verhältnisses so lange nichts einzuwenden, als unser Denken an die Formen des Raumes und der Zeit gebunden, darauf beschränkt bleibt mit Hülfe der sinnlichen Anschauung zu bezeichnen, was es als Ausdruck des eigentlich Wesenhaften selbst nicht gelten lassen will.

Das Absolute bedarf nach der christlichen Vorstellung des Physischen nicht nur nicht zu seiner Existenz, es schafft dieses nicht einmal um seiner selbstwillen, sondern allein mit Rücksicht auf den menschlichen Geist, dem es vorübergehendes Mittel zur individuellen Concretisirung seines Gott entsprungenen Geistes wird. Ja dieser letztere selbst, obwohl ihm durch das Physische allein die Form und die Möglichkeit seiner empirischen Existenz gegeben ist, sucht doch den eigentlichen Grund derselben in sich sofern er sich dem Absoluten entsprungen fühlt, und also als ein ewiger durch den Verfall seiner endlichen Form am Leben sich nicht gebindert glaubt.

Vermöge des einmaligen allumfassenden Schöpferaktes, der auch als ewig gedacht Gott die absolute Causalität in dem Maße sichert, als er als für sich seiende Existenz von der Welt geschieden bleibt, ist die göttliche Absolutheit transcendental nicht minder bestimmt, als durch den Gedanken von Gott dem absoluten Geist, der eben als solcher von allem Endlichen qualitativ geschieden, dieses nicht nur durch die Form seiner Existenz, sondern vor Allem durch den absoluten Werth seines Wesens überragt.

Es erhellt was einer so bestimmten Absolutheit gegenüber, die Bedingtheit durch die Welt besagen kann. Diese wird nur dann zu einer realen, wenn sie die Coordination von Gott und Welt zur Voraussetzung hat, wenn nur in der qualitativen Gleichheit alles Seins, die Möglichkeit seiner Einheit, ja seines Zusammenseins gesehen wird. Die Absolutheit auf dem Boden des Theismus ruht demnach auf einer Schleiermacher völlig conträren Weltanschauung, welche nach der qualitativen Seite hin auf der als dem Wesen anhaftend erkannten Differenz von Geist und Natur, nach der formalen auf der Anerkennung selbstständiger, fürsichseiender Größen basirend, das Weltleben nicht sowohl als Entfaltung seines transcendentalen Charakters in der Erscheinung, als Offenbarung der Einheit in der Vielheit, und Rückgang der Vielheit in die Einheit bewegungs- und entwicklungslos versteht, sondern vielmehr als fortschreitende Entwicklung der als Selbstzwecke sich gegenüberstehenden individuellen Geister zur Erreichung des mit dem sittlichen Ideal ihnen gemeinsam als Trieb eingeborenen Weltzwecks, der ihnen eine freilich nicht physisch vermittelte, sondern sittlich bestimmte Einheit, untereinander durch die gemeinsame Arbeit, mit Gott in dem das ihr Streben begründende und zielsetzende Ideal verwirklicht lebt, mit der Natur als temporärem, formgebendem Mittel und Schauplatz der Verwirklichung des sie überragenden und überdauernden Weltzwecks verleiht. Die Absolutheit auf Seite des Theismus bedeutet demnach nichts anderes als die schöpferische Freiheit des höchsten Wesens, das die Bedingungen zu allem möglichen Sein in sich verwirklicht trägt, dessen Freiheit sich gerade dadurch als eine absolute bethätigt, daß sie der Freiheit des Geschöpfs, innerhalb des mit der Schöpfung gesetzten Weltzwecks eine Einwirkung auf sich selbst gestattet, welche einer Beschränkung gleich käme, wäre sie nicht durch die Uebereinstimmung mit dem in Gott ruhenden Weltzweck bedingt.

Es kann hier nicht unsere Aufgabe sein, die theistische Gottesidee weiter zu beleuchten, als dem Zweck einer Aufklärung über Schleiermachers Gotteslehre dienlich erscheint. Da von Seiten der religiösen Erfahrung in der Dialektik die Bedingungen zu einer realen Gotteserkenntniß fast gänzlich fehlen, da ferner Schleiermachers Weltbetrachtung ihre empirische Wahrheit unter der durchaus formalistischen Durchführung des wissenschaftlichen Einheitsbedürfnisses mit Uebersehung der Werthunterschiede im Sein völlig einbüßt und die Weltconstruktion ganz von dem — wenn es kein Mißbrauch des Wortes ist — religiösen Glauben an die Gleichheit alles Seienden in der Einheit des transcendentalen Seins beherrscht wird, so darf es uns nicht wundern, wie für das Absolute als Wesensbestimmung nur die Einheit übrig blieb, und wie diese Einheit, die nur durch Abstreifung des gegensätzlichen Charakters des endlichen Seins erreicht wird, sich von diesem im Grund nur durch ihre Unerkennbarkeit (sofern sie nämlich als reine und bloße Einheit gedacht werden mußte) unterscheidet und in dieser eine zweideutige Transcendenz rechtfertigen will.

Schleiermachers Grundfehler ist eben der, daß er es nirgends zur Anerkennung qualitativer Verschiedenheiten und somit selbstständiger, durch einen eignen immanenten Zweck bestimmter Größen bringt, daß er die Consequenz dieses wie oben nachgewiesen, vorzugsweise wissenschaftlichen Fehlers in der Unmöglichkeit einer Begründung der realen Differenz zwischen Geist und Natur nicht vermeiden kann. Daraus folgte dann weiter, daß eine Verbindung, eine Einheit des Seienden nur möglich schien durch seine schlechthinige qualitative Gleichheit, daß die Gegensätze im Grunde nur der Erscheinung anhaften, das Wesen der Dinge von ihnen unberührt bleibt, daß so weder ein realer Gegensatz noch auch eine reale Einheit zu Stande kommt. Eine Rückkehr des Vielen in das Eine ist so undenkbar, wie die Geburt des Vielen aus dem Einen; ewig erscheint die Einheit nur in der Vielheit, keine Entwicklung kennt, keinen Weitergang der erstarrte Fluß des Seins, auf seiner Fläche spielt der Schein, sein Wesen wird nie erfaßt, denn dieser Fluß ist grundlos.

Die Wahrheit des Wissens hat Schleiermacher Kant gegenüber gerettet, indem er das Denken in dem Sein begräbt. Er hat sie gerettet, nicht etwa durch eine bessere Garantie, die er der Wahrheit unserer Erkenntniß zu geben vermocht hätte, sondern durch Zugrundlegung einer völlig andern Weltanschauung und also auch nur für die, welche letztere sich anzueignen vermögen. Wir wissen jetzt, daß zwischen Denken und Sein kein unlösbarer Gegensatz besteht: das Denken ist selbst Sein. Wir wissen jetzt, daß wir das Wesen der Dinge, freilich nur in und zugleich mit ihrer Erscheinung erkennen, denn das Ding an sich existirt nur in seiner Erscheinung. Und das Alles ist uns gewiß durch den Glauben, daß alles Seiende dem Wesen nach Einheit, der Erscheinung nach Vielheit ist, daß so gewiß die Mehrzahl nur durch Verdoppelung der Einzahl entsteht, alles Viele in dem Einen gründet, das Eine in dem Vielen sich vervielfältigend verwirklicht.

Diesen realen Pantheismus, der Spinoza zum Trotz dem höchsten Sein in seiner Allgemeinheit, sofern es das gleichseiende Wesen aller Dinge ausdrückt, seine absolute Causalität verwahrt, entnehmen wir nicht etwa vereinzelten Aussagen über das Wesen Gottes, sondern wie unsre ganze Untersuchung zeigt, den Grundgedanken der Schleiermacherschen Philosophie und der Methode durch welche sich dieselben in einer bestimmten Welt- und Gottesconstruktion zur Geltung bringen. Das Ungenügende dieser Weltanschauung hat Schleiermacher der Philosoph bereits deutlich gefühlt, und dieses Gefühl trat uns an verschiedenen Orten als Tendenz auf den Theismus entgegen; allein dem Idol einer einheitlich abschließenden Welterklärung wird dennoch überall die Erkenntniß der empirischen Wirklichkeit geopfert, vor ihm verblaßt die versuchte Erkenntniß eines lebendigen, in seiner fürsichseienden geistigen Absolutheit weltbegründenden Gottes. Das Höchste, das Werthvollste ist die Einheit, darum heißt sie, Gott; aber diese absolute Einheit verlöre ihren Charakter, wäre sie die Einheit eines der Welt selbstständig gegenüberstehenden Wesens, und somit bleibt keine andre Wahl: der unerkennbare transcendentale Gott ist das unerkennbare transcendentale Wesen der Dinge; die Erscheinung dieses allumfassenden Dinges an sich ist die empirische Welt, und es ist die Schuld des gegensätzlichen Denkens, daß wir die Erscheinung haben und nicht das Wesen, daß Gott und Welt für uns getrennte, aber doch coordinirte Begriffe bleiben.

Freilich bei der blos kritischen Haltung der Kantschen Philosophie kann Schleiermacher seiner ganzen Natur nach nicht stehen bleiben. Das

Bestreben eine abgerundete, einheitliche Weltanschauung wenigstens in der Construktion zu erreichen muß sich bei ihm auswirken. Andrerseits fühlt er die Einseitigkeit und Beschränktheit eines Standpunktes dem mit dem Organ für das Religiöse die Tiefe und Weite des menschlichen Geisteslebens selbst verkümmern mußte. Aber statt diesen Mangel wissenschaftlich zu corrigiren, statt die beschränkte Anwendung des Begriffs Erfahrung fast ausschließlich auf das sinnlich Wahrnehmbare zu durchbrechen und der Erfahrung des geistigen Lebens gerecht zu werden, wodurch nicht nur das Kantsche Erkenntnißprincip zu einer erweiternden Verbesserung, sondern die idealistische Philosophie überhaupt erst aus dem Formalismus ihrer Weltbetrachtung zu einem wahrhaften Realismus gelangt wäre, macht Schleiermacher auch durch Einführung der Gefühlskategorie zur Wahrung der Selbstständigkeit der unmittelbaren geistigen Erfahrung nur einen geringen Fortschritt über Kant hinaus und erfüllt sein System, statt auf die empirische Wirklichkeit des äußeren und inneren Lebens mit Energie zurückzugreifen mit positiven Gedanken, denen zum größten Theil eben auch nur eine formale Bedeutung zugestanden werden kann.

Allein es liegt kein Grund vor den Begriff der Erfahrung in seiner möglichen allseitigen Anwendung auf die innere und äußere Wirklichkeit alles Seienden zu beschränken, und in dem unmittelbaren Geistesleben und und seinen Phänomenen wie sie sich im Leben der Einzelnen und in der Völkergeschichte eine Gestalt zu geben wußten ein ebenso reales Gebiet exakter Forschung nicht erkennen zu wollen, wie es der Mißbrauch des Kantschen Erkenntnißprincips nur im Physischen finden zu müssen meint. Da nun sowohl Kant selbst wie seinen Nagfolgern eine geschichtliche Erkenntniß des Geisteslebens in seinen selbstständigen Gestaltungen fehlte, so sehen wir überall bei ihnen, eine wider alle Erfahrung streitende Vermischung beider Faktoren, des geistigen und des physischen und das jeweilige Uebergewicht des einen oder andern der individuellen Willkür anheim gegeben. Und in dieser Rücksicht erhebt sich Schleiermacher durchaus nicht über seine Zeit und ihre philosophischen Tendenzen. Hatte Kant vermöge seines rein kritischen Standpunktes und durch das energische Festhalten an der freilich sehr beschränkten Wirklichkeit, auf die er seine Untersuchungen stellt, sich von dem Fehler einer Weltconstruktion die der Phantasie, aber nicht der erfahrenen Wahrheit ihre Gestaltung verdankt, ferngehalten, so trifft Schleiermachers reale Weltanschauung, und namentlich die Art ihrer Construktion dasselbe Urtheil, welches die Geschichte über die Philosopheme eines Schelling und Hegel längst ausgesprochen hat. — — — — —

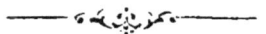